W0217756

SYLVIE SERVAN-SCHREIBER

LES BATEAUX DE BENJAMIN

Histoire d'une adoption

FRANCE LOISIRS
123, boulevard de Grenelle, Paris

Édition du Club France Loisirs, Paris,
avec l'autorisation de la librairie Plon.

La loi du 11 mars 1957 n'autorisant, aux termes des alinéas 2 et 3 de l'article 41, d'une part, que les *copies ou reproductions strictement réservées à l'usage privé du copiste et non destinées à une utilisation collective*, et, d'autre part, que les analyses et les courtes citations dans un but d'exemple et d'illustration, *toute représentation ou reproduction intégrale ou partielle, faite sans le consentement de l'auteur ou de ses ayants droit ou ayants cause, est illicite* (alinéa 1er de l'article 40).

Cette représentation ou reproduction, par quelque procédé que ce soit, constituerait donc une contrefaçon sanctionnée par les articles 425 et suivants du Code pénal.

© Librairie Plon, 1987.
ISBN : 2-7242-3705-6

Ce livre est dédié à

Jérémie
Valentine
Victor
Claude, Christophe et Virginie
Eric
Marianne
Thomas et Jérémie
Mathias et Samuel
Sunita et René
Indri et Orifah
Oscar et Rachel
Julie
Juliette
Maria
Aurélien
Mélissa
Jacqueline
Terava
Boris
Tony

et Tséring,

venus de tous les horizons

Ainsi qu'à tous les enfants adoptés du monde.

Premier mai

Elle l'a poussé, comme on pousse un mauvais chien dans le fossé, poussé vers moi avec un sec : « Voilà, c'est lui, c'est Bernard, à ce soir ! » pour partir aussitôt, me laissant avec ce petiot hurlant, affolé, éperdu.

Je l'ai détestée sur-le-champ, la garce, la malvenue, la vipère mielleuse qui me susurrait au téléphone : « Il est mignon, vous savez, il mange bien, il joue bien, il dort bien, prenez-le ! » et je fus soulagée qu'elle ne manifeste aucune intention de rester. Il était là, hurlant toujours, un petit bonhomme chinois de trois ans et demi, tout rond, pas bien beau avec un air de chat mouillé, ses cheveux courts et tailladés, ses habits troués et mal ficelés. Il était là avec son chagrin, jeté chez moi comme au rebut et sans avoir été prévenu, pleurant de peur sur le tapis. Je l'ai pris sur mes genoux, je lui ai parlé doucement, je lui ai caressé la joue. Il a cessé peu à peu de pleurer et m'a regardée de côté, par petits coups d'œil furtifs. Je lui ai fait faire le tour de l'appartement en lui expliquant chaque pièce et lui ai donné un grand bol de chocolat chaud, car s'il était bien 10 heures, il n'avait visiblement pas pris de petit déjeuner. Il a bu gravement, l'air absent. Je lui parlais sans cesse, pour l'apprivoiser un peu, mais il ne répondait rien, rien. Puis j'ai pris mon panier, lui en ai donné un petit en osier que j'avais préparé et lui ai proposé d'aller au marché. Il n'a rien dit mais a glissé sa petite patte ronde dans ma main et nous sommes descendus dans la rue.

Au marché, devant l'étal du droguiste qui propose toujours quelques vagues jouets en plastique, il s'est arrêté bouche bée.

– Que veux-tu mon Bernard, un avion, un bateau ?

Il m'a regardée, et d'une grosse voix rauque qui ne collait pas avec son corps de bébé rond, il a dit :

– Bateau.

C'était son premier mot.

Souvenances à l'odeur de pomme croquée à leur lecture, souvenances d'histoires d'enfants solitaires dans un monde rebelle – *Sans Famille, Petite Princesse* et *Tien-Duc*, la pire de toutes, qui décrivait avec un sadisme infini les malheurs d'un petit Eurasien recueilli par une mauvaise grand-mère qui détestait ses yeux en amande et les lui reprochait sans cesse – ; souvenances de discussions familiales sans fin sur les enfants tibétains accueillis par fournées en Suisse au moment du deuxième exode, quand j'avais une dizaine d'années ; fascination des visages asiatiques et de la grave beauté des enfants si loin de mes têtes familières ; certitude qui devint vite volonté d'échapper aux enfants-pantins, aux enfants seizième, culotte anglaise ou robes à smocks, pieds et mains cernés de blanc, gouvernante et ruban dans les cheveux. Côtoyés de loin en loin, les enfants seizième me donnèrent très tôt le goût d'ailleurs et l'envie d'autrement. Ma sœur, chemin parallèle, dévorait Kipling et se voyait en Inde, sachant déjà elle aussi qu'elle aurait plus tard un fils indien.

L'envie d'adopter m'était venue très tôt, le goût de l'Asie m'avait saisie au même moment. Quoi de plus normal que les deux se rejoignent ? Si nous avion bel et bien discuté d'adopter un petit frère tibétain, projet qui nous enthousiasmait ma sœur et moi, la chose ne s'était pas faite, ma mère étant tombée malade. L'année d'après, je devais avoir onze ans, on demanda à mes parents d'accueillir deux moines tibétains, le temps de leur trouver un asile à Paris. Je fus littéralement fascinée par ces personnages étranges qui faisaient fondre du beurre sur la cuisinière pour allumer leurs petites lampes en cuivre, qui avaient transformé tout un coin du salon en autel de Bouddha, et qui étaient toujours d'une gentillesse extrême. Il était difficile de communiquer, mais ils me souriaient et me supportaient dans leur chambre quand ils célébraient l'office.

Ils restèrent à peine quinze jours, mais j'avais été séduite. A douze ans, je suis entrée en quatrième. Quelle chance, on pouvait justement faire du chinois en troisième langue ! Le chinois ou le tibétain, à cet âge, c'est un peu la même chose, je me suis lancée dans le chinois. Ces doux moines tibétains, ont-ils jamais su à quel point ils avaient orienté ma vie ?

A vingt ans, diplôme de chinois sonnant frais dans ma poche, encouragée par des parents dont la sagacité allait jusqu'à me laisser apprendre et comprendre au loin, je partis pour l'Asie et lorsque j'en revins conquise et convaincue, tranquille était ma certitude qu'adopter un enfant asiatique serait la plus belle chose qui soit. Il faudrait attendre, j'attendrais et mon tour viendrait. Adopter, c'était faire la nique au seizième ; ni surenchère ni nécessité, il attendait sûrement quelque part, mon enfant de cœur, l'enfant qui me trouverait, qu'il me faudrait apprivoiser et faire mien. Il faudrait que ce soit le premier, pour qu'il n'y ait plus tard aucun malentendu possible : s'il était là avant les autres, ce serait pour mieux montrer qu'il était non seulement le nôtre, mais le premier de nos enfants, car pas un instant je n'envisageais alors d'avoir un enfant seule. Je voulais une famille, un mari, des enfants, dont au moins l'aîné serait adopté, et pourquoi pas plusieurs...

Passèrent les années et je me retrouvai mariée. Julien, mon mari d'alors, était taiwanais. Venu en Europe faire des études d'ingénieur, il s'était fixé en France et n'avais jamais remis les pieds à Taiwan dont il critiquait sévèrement le manque de démocratie. Il s'appelait en fait Tao Ju-lian, mais avait rapidement adopté le nom de Julien Tao, plus facilement prononçable pour des Occidentaux. L'attrait de la Chine, qui frisait l'exaspération chez lui, nous avait rapprochés mais Julien ne vivait que pour ses idées, sa cour d'habitués grandissant de jour en jour et la société d'importation de matériel électronique de Taiwan qu'il avait créée pour mieux les aider, et dans laquelle il m'avait demandé d'assurer le marketing malgré mon manque évident d'intérêt. L'électronique taiwanaise ne me fascinait guère, et je n'avais décidément rien de la soumission des épouses asiatiques. Vaine me semblait aussi la solidarité à sens unique, pain quotidien de Julien.

Si mes envies d'enfant lui paraissaient normales, plus étranges lui semblaient mes idées d'adoption. Il aurait cependant fait beaucoup pour étonner ses compatriotes et la grandeur d'âme lui allait comme un gant. Nous eûmes de longues discussions. En Asie, il est vrai, l'adoption d'un enfant au sens occidental – faire complètement sien l'enfant né d'une autre – n'existe pas, et a un côté incongru. Il arrive, pour prolonger une lignée qui s'éteindrait autrement, qu'un enfant change de branche sur un arbre généalogique ou qu'on recueille un orphelin en lui donnant son nom, afin qu'il accomplisse les rites funéraires et fasse des offrandes aux esprits des ancêtres. L'enfant ainsi adopté est rarement heureux, sentant bien qu'il n'est là que pour maintenir une lignée et qu'il ne remplacera pas vraiment l'enfant qui n'est jamais né.

Julien avait vécu si longtemps en Europe qu'il avait eu maintes fois l'occasion de constater qu'il n'y avait qu'une différence entre un enfant adopté et un enfant de son sang : le premier était sans doute plus choyé, pour avoir été souvent plus longtemps espéré. Que je puisse préférer d'abord adopter un enfant avant d'en avoir un lui semblait étrange, mais il finit par se rallier à mon idée, en insistant pour que l'enfant soit asiatique, afin qu'il ait de doubles racines et qu'il puisse lui donner l'amour de l'Asie, comme il l'aurait fait avec un enfant de son sang. Comme je n'envisageais rien d'autre, la décision fut prise et nous venions d'écrire longuement en Asie, au Japon, à Hong Kong, à Taiwan et aux Philippines, enfin partout où nous savions avoir des amis qui pouvaient se mettre en quête pour nous, quand Bernard était entré dans ma vie, d'une manière absurde et presque malgré moi.

Je n'avais en effet jamais vraiment songé à adopter en France, mais Bernard m'obligea à regarder très tôt le problème en face et à accorder mes violons : pourquoi aller chercher midi à quatorze heures et traverser le monde, quand on déposait à ma porte un enfant qui ne demandait qu'à rester chez moi et qui était tout justement chinois ?

Nous avions commencé à parler autour de nous de notre projet d'adoption, Julien le plus souvent par bravade, éprouvant un malin plaisir devant les yeux écarquillés de ses compatriotes, pour qui cette démarche était totalement incompréhensible si l'on n'est pas stérile. Le bruit s'en était répandu parmi les Taiwanais à Paris et avait gagné par des taillis mal expliqués la colonie chinoise, deux communautés qui ne se fréquentent guère. Cette chose étrange, un couple mixte qui voulait adopter un enfant asiatique, était donc parvenue aux oreilles de la famille Song, famille chinoise qui ne manquait pas vraiment de ressources, mais semblait totalement dénuée de chaleur humaine.

A la suite d'avatars qui me furent, quoique incomplètement, racontés par la suite, Song Tsuo s'était séparé de sa femme qui s'était évanouie dans la nature, lui laissant trois enfants sur les bras : Frédéric, Mathieu et Bernard. Le plus jeune venait de naître et fut placé immédiatement en nourrice pour ne retourner chez son père qu'à l'âge d'entrer à l'école ; les deux aînés allèrent en pension ou furent mis dans un foyer. Resté seul, Song Tsuo avait rencontré une certaine miss Lai, s'en était épris et avait décidé de récupérer ses enfants, à moins qu'il n'y ait été obligé, Bernard devenant trop grand pour rester en nourrice, et les pensions étant bien coûteuses. Toujours est-il que la famille se reconstitua mais en apparence seulement. Miss Lai se mit en effet très rapidement à détester le fardeau que représentait l'éducation de trois enfants. Elle ne voulait pas de ces enfants qui n'étaient pas les siens et les élever était une charge qu'elle n'entendait pas assumer longtemps. Quant à Song Tsuo, le moins qu'on puisse dire est qu'il n'avait pas la fibre paternelle très développée et se trouvait très encombré dans sa vie sentimentale par ces produits de son union précédente. Miss Lai avait vite remarqué, n'étant pas sotte, que Mathieu qui ressemblait à son père en était le préféré, alors que Bernard et Frédéric étaient en disgrâce. L'aîné était à l'époque un enfant de dix ans secoué de tics et renfermé et le plus jeune demandait à trois ans une attention que nul n'avait envie de lui consacrer. Miss Lai chercha donc à se débarrasser d'eux en premier, d'abord en sourdine puis de plus en plus ouvertement, si bien que Song Tsuo finit par trouver parfaitement naturelle l'idée de « donner » le petit et de mettre le grand dans un foyer.

Ne nous connaissant absolument pas et ayant appris au hasard d'une conversation notre projet, miss Lai s'était facilement procuré notre numéro de téléphone et, s'imaginant avoir trouvé la proie idéale, appela un soir pour nous proposer Bernard, exactement comme lorsque l'on a un jeune chiot à caser.

Cela nous avait paru fou. Prendre un enfant dans ces conditions, dont les parents étaient en France, nous connaissaient ou nous auraient connus, nous semblait malsain tant pour nous-mêmes que pour l'enfant. Quand on a le cœur d'abandonner un enfant qui gêne, ne peut-on pas aussi se réveiller dix ans plus tard, après avoir réalisé que l'enfant encombrant est devenu entre-temps un adolescent qui pourrait travailler, ne serait-ce qu'en faisant la plonge au restaurant familial ? Pis encore, comment être sûr qu'ils n'exerceraient pas plus tard un chantage sentimental, lui réclamant de l'argent au nom de leurs liens de parenté et lui gâchant à jamais l'existence ? Une telle adoption ne pouvait s'envisager qu'à condition d'être totalement légale, irrévocable, et ne laissant aucune possibilité de retour en arrière. Qu'on débarrasse ces curieux parents d'un fardeau, soit, mais qu'on laisse à l'enfant le droit de n'être qu'à sa seule famille, celle qui l'aurait choisi...

Julien refusa tout net d'entrer dans ce jeu. Il se méfiait des chinoiseries et redoutait d'incessantes complications. Il lui semblait aussi inconcevable qu'une famille chinoise n'assume pas ses propres enfants. Il y avait forcément quelque chose de louche là-dessous, et le mieux que nous puissions faire était de ne pas nous en mêler et de les laisser régler leurs problèmes entre eux. A contrecœur, je dus convenir qu'il avait sans doute raison et que s'embarquer dans une histoire pareille était bien trop risqué. Mais... mais j'y pensai toute la semaine, à cet enfant en rade dont personne ne voulait. Refuse-t-on un enfant ? Le simple fait qu'il soit proposé à l'encan me laissait les pires doutes sur la vie qu'il menait, ce Bernard de trois ans.

Je crus trouver une solution : me mettre en quête d'une famille adoptante, suffisamment éloignée de la communauté chinoise pour que les Song, l'eussent-ils souhaité, ne la retrouvent jamais. Je n'avais alors pas grande idée des démarches que pouvait représenter une telle adoption, je ne me souciais que de résoudre le cas de cet enfant si mal parti dans la vie et que je n'avais jamais vu.

Je mis une semaine à trouver : la famille C... ; amis d'amis et sans enfants. Elle n'avait pas pu en avoir, ils n'avaient pas réussi à s'en faire confier, ils étaient désespérés. Je leur ai longuement téléphoné, disant mes incertitudes, le peu que je savais de l'enfant – qu'il était chinois et n'avait pas quatre ans – et surtout qu'on pouvait vraisemblablement l'avoir très rapidement, tant l'envie des parents de s'en débarrasser semblait grande. Ils m'avaient semblé bien pusillanimes, ces candidats-parents, hésitants, incertains ; mais il ne fallait rien négliger. Ils avaient demandé à voir l'enfant, avant de prendre une décision, ce que je pouvais comprendre n'ayant pas voulu voir Bernard plus tôt, de peur d'avoir le cœur emporté...

J'avais donc téléphoné aux Song pour leur demander, sans en dire plus, s'ils accepteraient de me confier Bernard le jeudi suivant, le premier mai, pour la journée.

– Mais bien entendu, madame ! Vous aurez Bernard le matin, vous l'aurez tant que vous voudrez.

Les C... viendraient l'après-midi, advienne que pourra. Je ne me sentais guère mieux qu'une placeuse d'enfants, mais si cela représentait un espoir pour Bernard, cela valait bien d'y perdre une journée...

Et maintenant qu'il était là, mon petit bonhomme chinois tout pataud aux yeux si malheureux, je me prenais sottement à espérer que les C... n'en voudraient pas.

De retour du marché, Bernard se mit à jouer, toujours silencieusement, avec son bateau, mais en s'y cramponnant comme si c'était la première fois qu'on lui avait acheté un jouet, aussi simple soit-il. J'eus l'idée de jouer aux pirates et le tapis devint océan. Je faisais semblant de fondre sur le bateau, lentement d'abord, puis de plus en plus vite. Bernard esquissait de temps en temps un demi-sourire et prenait grand plaisir au jeu. Quand il commença à se décontracter nettement, je le laissai faire le tour de l'appartement seul, le bateau bien serré contre lui, pendant que je préparais le repas pour nous deux, un déjeuner fort simple à la vérité, mais il eut un vrai sourire devant la crème au chocolat. Nous étions décidément fort bons amis et Bernard était très occupé à tremper un canard dans ma tasse de café, quand on sonna. Entrèrent les C..., leur cortège d'angoisses en guise d'escorte, qui se mirent à dévisager le petit avec des yeux de carpe, un paquet de bonbons à la main qu'ils ne savaient comment donner. M. C... finit par le poser sur la table et je dus le remettre moi-même à Bernard. Manifestement, ces gens n'avaient aucune idée de la manière dont il fallait traiter les enfants, ni se comporter avec celui-ci en particulier. Je tendis un livre d'images à M. C...

– Lisez-le-lui, si vous voulez.

– Je ne sais pas si je vais savoir, répondit-il d'un air navré.

J'eus de grands doutes.

Nous allâmes au Luxembourg alors si proche, meilleur terrain pour faire plus ample connaissance et une bonne occasion de faire faire un tour de manège à Bernard. J'ai regardé M. C... prendre la main du petit et marcher silencieusement, sans même régler ses pas sur ceux de cet enfant à qui il n'avait rien à dire mais qu'il observait de côté... Il n'aura même pas l'idée, et sa femme encore moins, quand nous passerons devant le petit kiosque vert de lui offrir des bulles ou quelque menu jouet. Mme C... me raconta en détail ses déboires et ses fausses couches, ses craintes et ses espoirs, puis aborda les formalités, s'inquiétant plus de la procédure à suivre et de l'ennui que cela allait représenter que du sort réel de Bernard.

Ce n'était sûrement pas les parents qu'il fallait à cet enfant. J'en eus rapidement la certitude. Mais qui, alors, qui ? Les C... partirent, disant qu'ils allaient réfléchir, se renseigner, aviser... Les C... partirent, falots, transparents, perdus dans leur propre perplexité et je ne devais jamais les revoir : plusieurs semaines après, je reçus un coup de téléphone. Ils avaient réfléchi : c'était trop risqué, trop compliqué, trop... Leur avocat leur avait conseillé de ne pas tenter l'aventure, bref, ils renonçaient. Je n'en fus même pas étonnée, je les avais complètement oubliés. Ils n'avaient jamais réellement compté, ni pour moi ni pour Bernard.

Ce soir-là quand rentra Julien – qui s'était quand même arrangé pour revenir un peu plus tôt qu'à l'ordinaire – Bernard et moi étions couchés sur le tapis, jouant de plus belle aux pirates, mais les rôles étaient inversés : je m'enfuyais à toutes voiles vers les franges salvatrices du tapis, poursuivie par un drôle de petit rire malhabile. Julien me demanda comment s'était passée la rencontre avec les C... tout en faisant connaissance avec Bernard d'une manière qui n'était pas pour lui déplaire : il se mit à le chatouiller et peu à peu Bernard commença à rire vraiment, comme étonné de son propre rire, et son rire nous gagna. Je me pris à l'imaginer riant avec nous pour toujours et je ne vis plus ses habits troués – miss Lai l'avait sans doute habillé si mal exprès, pour nous apitoyer davantage – ni sa mine effarouchée, pour ne plus penser qu'au petit garçon qu'il pourrait être, si...

J'ai regardé Julien qui m'a regardée aussi, la même idée nous avait traversés : si nous le prenions quelques jours, pour voir ? Pour voir quoi ? C'était tout vu !

Bernard était bel et bien entré dans ma vie, vaille que vaille et je n'ai retrouvé la paix de l'âme que deux ans plus tard, lorsque je fus enfin sûre de l'avoir fait à jamais sortir de cette ornière où il était né, mais où il n'était pas fait pour rester.

Qui dira quel enfant est fait pour les ornières ? Aucun. Mais celui-là, que le hasard avait jeté dans mes jambes, celui-là qui n'était ni bien beau ni bien séduisant, il ne fallait qu'un peu de temps et d'affection pour le transformer, car s'il était heureux, il serait plaisant. Il suffisait d'y croire et j'y croyais déjà.

Julien était plus sceptique. Il aurait mille fois préféré que les C... soient enthousiasmés et que la responsabilité de cet enfant dont je m'étais si visiblement entichée ne lui incombe pas. Il le trouvait trop vieux avec ses trois ans et demi, pas beau avec sa figure toute ronde où perçaient deux yeux inquiets qui louchaient presque, plutôt en retard pour son âge – comme si le contraire eût été étonnant ! – en un mot, pas très flatteur. L'affection spontanée que lui avait témoignée Bernard et son côté lapin sans défense qui le rendait si pitoyable incitaient quand même Julien à faire quelque chose en sa faveur. En même temps, signal d'alarme, se déclenchait dans sa tête l'alerte aux chinoiseries...

Nous étions là tous les trois sur le lit, Bernard entre nous deux, guère bavard mais déjà moins fermé, mieux à l'aise puisqu'il se mit même à son tour à chatouiller Julien, tout timidement d'abord puis de plus en plus fort, ce qui nous fit rire tous les trois.

Et quand miss Lai revint chercher un Bernard qui semblait avoir passé la meilleure journée de sa petite vie si grise, nous lui proposâmes tout naturellement de le prendre pour les quatre jours du pont suivant, ce qui sembla l'enchanter. Elle daigna donc accorder un sourire à Bernard puis le tira hors de chez nous. A jeudi prochain, Bichou.

Cette semaine-là passa comme l'éclair. Julien n'étant jamais là, tant il courait de réunion en réunion et tant il avait d'amis en visite à Paris dont il devait absolument s'occuper, faute de perdre à jamais la face, nous n'eûmes guère le loisir de discuter. J'essayais de ne pas penser trop loin – au demeurant, les C... n'avaient pas encore donné leur réponse – et comptais sur ces quatre jours que nous allions passer ensemble pour achever de convaincre Julien, en lui montrant que ce n'était ni si compliqué ni si difficile d'ouvrir sa porte à un petit bonhomme...

8 mai

Miss Lai pousse Bernard d'une bonne bourrade au centre de la pièce et lui lance un péremptoire : « Allez, donne à maman ! » qui me laisse pantoise. Le petit me tend une grosse fleur en papier marquée « bonne fête maman », qu'il a dû faire à l'école, avec un regard complètement perdu. Si je pouvais étrangler miss Lai, je le ferais volontiers. En quoi suis-je sa maman, et que lui a-t-elle dit ? Le plus vraisemblablement, rien du tout. Manifestement, elle a déjà réglé l'affaire dans sa tête et me met devant le fait accompli, sans avoir pour autant expliqué quoi que se soit à Bernard. Mais avant que je n'aie le temps de protester, elle a déjà filé, trop contente d'avoir livré son paquet.

Quand la porte a claqué, je prends la fleur et la mets dans un vase, en remerciant Bernard de me l'avoir donnée et en lui faisant force compliments sur ses couleurs, car l'harmonie rouge orangé de pétales est très réussie.

Cette fois-ci, s'il est plutôt satisfait de se trouver là, il m'observe beaucoup plus attentivement. Je lui explique que nous allons rester quelques jours ensemble, et pour commencer que nous allons sortir acheter des vêtements pour lui. Je l'emmène dans le bureau de Julien où j'ai installé un lit pour lui et où quatre petites voitures n'attendent que lui au pied de la cheminée.

– C'est pour moi, ça ? Pour moi ? dit la grosse voix rauque.

– Mais oui, mon lapin, c'est pour toi, et tu peux en emporter une pour jouer dans l'autobus si tu veux.

– La « rouze » ?

– D'accord pour la rouze !

Nous avons acheté, première chose, des chaussures, des Kickers montagnes rouge et bleu, et Bernard quant à lui était rouge de plaisir. C'était visiblement ses premières chaussures neuves. J'ai jeté les autres, dont les semelles fendues me crevaient le cœur. Dans la rue, il ne se lasse pas d'admirer ses chaussures :

– Y'a du rouze, t'as vu ?

Il aime bien le rouze, j'en prends bien note, nous allons acheter un pyjama, un pantalon en velours, un bermuda, des tee-shirts et des culottes, des chaussettes rouzes : il faut de tout puisqu'il n'a rien ! En rentrant à la maison, il se regarde en riant dans la glace :

– Ze suis beau, hein, ze suis beau ?

Et j'ai bien du mal à le persuader d'enlever ses chaussures neuves. Je le baigne, il joue avec la mousse et son bateau du marché et nous sommes bien. Je l'enveloppe dans une grande serviette et le traite de gros paquet. Il rit, il se tortille, il adore ça. Il a un pied tout brûlé avec une cicatrice boursouflée, paraît qu'il est tombé sur un radiateur et qu'il a dû rester plusieurs jours à l'hôpital, il s'en souvient avec terreur. Il n'a sûrement pas eu trop de visites à l'hôpital, si j'en juge par la hâte qu'ils ont à s'en débarrasser...

Le soir, je vais le regarder dormir. Il gémit en rêve et se tourne sans cesse, j'ai dû mettre des coussins autour du lit, un peu trop haut pour lui. Il a fallu lui mettre des couches, comme à un bébé, mais c'est une manière pour lui d'être mon tout petit, cela lui plaît visiblement, au moins autant que le pyjama neuf ! Ce qui me frappe le plus c'est qu'il ne pleure jamais quand il tombe ou se fait mal. C'est inquiétant, mais il se domine parfaitement. Il ne sait pas pleurer comme on pleure à trois ans. Je l'ai vu pleurer de chagrin, mais jamais de douleur, comme si la douleur lui était habituelle. Par contre, il sait à peine rire...

Je l'adore, c'est manifeste. Mon petit pataud ! Quatre jours entiers je l'ai cajolé : je le voyais s'épanouir un peu plus à chaque instant.

Le deuxième jour, alors que nous marchions dans la rue, sa petite main dans la mienne, il m'a dit :

– Ze veux rentrer à la maison.

Nous avons rebroussé chemin, mais je gardais un doute. Voulait-il retourner « là-bas ? » De quelle maison s'ennuyait-il ? Je le sus vite. En arrivant en bas de l'immeuble, un « T'ici, c'est la maison » claironné me fixa. Il se sentait déjà chez lui, chez nous...

Il parle peu et mal. Il dit « T'ici » « ze fotte ma saussu'e » « quoi c'est ? », ce qui me fait rire. Il s'émerveille aussi d'un rien. Une petite voiture, un soldat en plastique, une boîte : « C'est pour moi ? Pour moi ? », comme si rien avant n'était jamais pour lui.

Il a un faible pour le chocolat et a découvert les Smarties, il les aligne, les compare et joue longuement avec, avant de les croquer avec un soupir d'aise.

Les quatre jours ont passé très vite. Trop vite bien sûr, et il a fallu le rendre. Le rendre ! le renvoyer. Je me sentais indigne, mais le garder aurait été maladroit, sans aucune garantie et nous ne pouvions faire cela.

– A bientôt mon Bichou, tu reviendras, n'est-ce pas ? Prends la voiture rouze et des Smarties pour la route.

Mais déjà Bernard a repris sa petite figure fermée et tourné la tête, se laissant tirer dehors comme un chien résigné, tandis que je reste là, un absurde chagrin au cœur, désemparée devant l'appartement si vide tout à coup.

Et tard ce soir-là nous avons discuté.

Plus par gentillesse naturelle et complaisance envers moi que par attrait réel pour l'enfant, Julien accepta à la fin de se lancer avec moi dans cette adoption forcée, mais à la condition impérative que ce soit fait dans la légalité, et qu'en aucun cas il ne s'agisse d'un recueil pur et simple. Pour ma part, j'aurais certainement accepté n'importe quoi pour que Bernard reste avec nous, mais je me rangeais à l'avis de mon mari, trop contente qu'il n'ait pas refusé tout net comme je le redoutais.

Julien avait parfaitement raison, si cet enfant devait être le nôtre, il devait l'être à part entière et sans qu'aucun recours ne soit possible. Je téléphonai donc à mon amie Lucie, férue de droit et clerc de notaire, pour lui demander la procédure à suivre et ce qu'elle en pensait. Lucie se plongea dans ses livres. La chose était faisable et apparemment toute simple : il suffisait que les deux parents de l'enfant consentent à renoncer par-devant notaire à leurs droits parentaux. Cet acte serait irrévocable au bout de trois mois ; il faudrait éventuellement prouver que des citoyens étrangers pouvaient valablement accomplir cette démarche en France, ce qui revenait en l'occurrence à voir dans le code chinois si l'adoption existait bien.

Cela avait l'air si simple, si simple... que je crus ce jour-là la chose faite. Puisqu'ils n'en voulaient pas, n'est-ce pas ? Julien mit aussitôt le doigt sur la plaie : Song Tsuo et miss Lai ne voulaient pas de Bernard, la chose était limpide, mais la Mère dans tout ça, la Mère ?

La Mère ! Bien sûr la Mère... Elle ne semblait pas s'y intéresser beaucoup, cette mère, puisqu'elle ne l'avait plus revu, notre Bernard, depuis qu'elle l'avait mis au monde, mais ce n'était pas une raison.

Julien qui se targuait d'avoir un esprit organisé

prit les choses en main, et nous eûmes notre premier contact avec Song Tsuo, puisque jusque-là nous n'avions eu affaire qu'à miss Lai. Julien lui téléphona donc, pour lui dire que nous prendrions Bernard si nous pouvions l'adopter et en faire notre enfant, ce qui n'était possible que si lui et sa femme allaient ensemble signer chez le notaire, et s'engageaient en plus à ne plus jamais rien avoir affaire avec cet enfant. Song Tsuo donna son accord immédiat et s'engagea à obtenir celui de la mère de Bernard.

Mi-mai

Cela avait l'air si simple... si simple.

Il fallait retrouver la Mère. Quand Song Tsuo et miss Lai disaient vouloir donner Bernard, ils ne se posaient manifestement pas la question de la procédure, pensant simplement remettre l'enfant à qui en voudrait, l'oublier et en rester là. Etions-nous compliqués, à vouloir ainsi faire les choses dans les formes ! Si la Mère de l'enfant ne s'y était pas intéressée jusque-là, pourquoi voulions-nous qu'elle se manifeste plus tard ? Il n'y avait qu'à ne pas lui donner l'adresse, un point c'est tout. Quand Song Tsuo eut compris qu'il fallait en passer par ce que nous proposions, il se mit en quête, mais retrouver la Mère n'était pas si facile ; il avait perdu sa trace depuis bientôt trois ans ; elle vivait au jour le jour, se faisant héberger à droite et à gauche. Méfiants, ses amis ne devaient pas renseigner Song Tsuo bien volontiers, cet intérêt subit ne pouvant être que suspect... Il mit un mois entier à retrouver la Mère.

Nous attendions.

Bernard venait en weeek-end. J'étais rivée au téléphone en semaine, mais quand le petiot arrivait, j'y pensais moins. Il était là, il fallait s'occuper de lui, l'apprivoiser presque à chaque fois...

Il arrivait le vendredi soir, tout ébouriffé de sa semaine, tout ahuri de se retrouver chez nous et le sourire le gagnait à mesure que la soirée avançait.

Le plus souvent, Julien rentrant très tard, nous passions seuls ces vendredis soir. Je le soupçonne d'avoir parfois joué la comédie. La grande scène de la reconquête. Parfois pas un mot jusqu'au coucher. Méfiant, n'osant pas trop y croire et ne voulant pas se donner d'un coup à ceux qui l'avaient laissé partir toute une semaine... et en même temps, si content d'être là ! Se précipitant dans « sa chambre » pour y retrouver ses trésors. « Sa chambre » était encore, à cette époque, le bureau de mon mari, mais les affaires du petit l'encombraient déjà à tel point que Julien ne s'y sentait plus à l'aise et travaillait de moins en moins à la maison.

Paulet, un grand ami, apporta un jour un garage et un tricycle avec lesquels ses enfants ne jouaient plus. Bernard les découvrit avec émerveillement un vendredi soir. Il fallut emmener le tricycle au jardin, et Bernard jamais fatigué fit trois fois le tour du bassin, ses petits mollets ronds pédalant avec acharnement, au grand amusement des passants. Et le garage : « Ya un tit ascenseur, dis, t'as vu ? » « T'ici, on met l'essence » et en partant, il dit « à bientôt mon garage » !

Mon cousin médecin est fort gentiment venu le voir et l'a examiné sur toutes les coutures. Bernard a hurlé comme un perdu, malgré les efforts du cousin pour l'amuser, et l'auscultation de Toudou, l'ours blanc favori. On les a déclarés tous deux superbes, et même très appétissants ! Il faudrait quand même faire attention à ses yeux. C'est vrai qu'il a tendance à loucher un peu, mais cela ne me paraît pas bien grave. Il portera des lunettes, s'il le faut ! Ce n'est pas l'essentiel.

Il y eut des week-ends – j'étais seule, Julien n'étant que peu à la maison – où l'on ne vint pas le reprendre le dimanche soir. D'habitude, miss Lai venait le chercher. Elle arrivait avec de grands sourires mielleux qui m'étaient destinés, et un « Alors, tu viens, Bernard ? » qui le faisait danser d'un pied sur l'autre, l'air buté, et me jeter des coups d'œil en arrière, pour que je lui dise que ce n'était pas vrai. Mais il le fallait, il fallait qu'il reparte si nous voulions un jour le garder vraiment, pour qu'elle n'ait plus le droit, à l'avenir, de nous l'enlever.

Mais quand elle ne venait pas, c'était pire. J'attendais, le petit aussi. Le temps passant, je lui donnais à dîner, espérant qu'elle ne tarderait plus et redoutant en même temps qu'on l'emmène. Et puis l'angoisse. Les Song habitaient une banlieue lointaine, il fallait trouver une voiture pour le ramener...

Oh ! ces kilomètres dans la nuit et dans le froid, le petit tout endormi sur mon épaule, roulé dans une couverture et serrant son dernier trésor, et moi pleurant silencieusement, malade de le ramener « là-bas »...

Je laissais l'amie qui conduisait le remettre à son père – qui n'avait pas compris, ou aurait été le chercher le lendemain – et transmettre mon mécontentement, ne voulant pas me montrer à lui sans absolue nécessité.

La mort dans l'âme, il fallait retrouver la chambre déserte.

Il ne voulait jamais emporter ses jouets chez lui. Il les rangeait bien soigneusement avant de partir, comme si la présence des jouets lui appartenant marquait son domaine et l'assurait de revenir. Et puis, « là-bas » les grands les lui prendraient sûrement.

On a retrouvé la Mère. Elle vit chez des amis qui ont bien voulu laisser Song Tsuo communiquer. Elle est fuyante et ne répond ni oui ni non. Song Tsuo avoue que tout cela n'est pas aussi évident qu'il voulait bien le dire. Que faire ?

Nous avons commencé à parler du petit autour de nous. Mes parents sont affolés devant cette situation qui semble inextricable, et cet enfant si déconcertant. Nous sommes allés passer un week-end dans la maison familiale. Bernard s'est complètement recroquevillé sur lui-même ; il reste muet quand on lui parle, quand il ne tourne pas carrément la tête. Il se balance d'un pied sur l'autre, ignore tout le monde et ne participe à rien. Mes parents ne comprennent visiblement pas mon attachement à cet enfant... justement si peu attachant. Je n'arriverai pas à les convaincre, à leur faire partager ma certitude que ce petit n'a besoin que d'affection et de sécurité pour s'épanouir ; qu'il a été bousculé, traumatisé, mal aimé, rejeté, que sais-je ? Et qu'il doit bien sentir le peu de cas qu'on fait de lui à l'instant... Je dis qu'il a des moments charmants quand il est seul avec moi, et qu'on ne peut trop demander à un enfant aussi secoué, au passé compliqué, au présent incertain et à l'avenir encore si mal défini, mais je ne réussis à convaincre personne... Julien en profite pour mettre de l'huile sur le feu, et bien souligner que c'est moi qui insiste, pour sa part, il se serait bien passé de toutes ces chinoiseries...

Mi-juin

J'ai décidé, trop tôt sans doute, mais pour faire fléchir le destin, de changer son prénom.

Je n'ai jamais aimé « Bernard », prénom qui est

déjà plutôt banal en soi, mais qui lui a, j'en suis quasiment sûre, été donné sans aucune affection et probablement par une quelconque infirmière à l'hôpital, puisque c'est un prénom français quand sa mère n'en parle pas un mot. Bernard, Pierre ou Paul, quelle importance ? Au surplus, Bernard lui va si mal qu'on a l'impression qu'il porte ce prénom comme un déguisement. Lui donner un nom, c'est un peu plus le faire mien et l'éloigner de son passé. Je cherche un nom doux, qui aille bien avec sa petite figure lisse et soit plus harmonieux, un nom facile à dire qui puisse lui plaire aussi, un nom comme j'aurais pu en donner un à l'enfant que j'aurais porté. J'hésite entre plusieurs, mais « Benjamim » lui va si bien !

Je me décide un soir, je lui parle. Je lui dis que « Bernard » n'est pas un vilain nom, mais puisqu'il va être mon petit garçon, j'aimerais que nous choisissions ensemble un nouveau nom pour lui, un nom secret, un nom pour plus tard. Un secret ! Le premier entre nous, il est ravi de mon idée et m'accorde un immense sourire. Il fait oui de la tête je lui cite plusieurs noms et je finis par « Benjamin ».

Il dit « Benjamin ».

Il se regarde dans la glace. Une petite bouille toute ronde, des cheveux qui repoussent mais que je n'arrive pas à discipliner, des yeux rieurs :

— Benjamin, répète-t-il.

Seulement, lui, il dit « Benzamin », le « J » ne passe vraiment pas. Grand sourire.

Il dit encore :

– T'ici c'est Benzamin. Seulement t'ici.

Je comprends alors que Benjamin doit rester un nom pour nous, pas pour « là-bas », pas pour eux, surtout pas.

Première vraie complicité.

Je l'appelle : « Ben ! Minou ! Mon Benjamin. » Il s'habitue.

A partir de ce moment-là, Bernard n'a plus été que Benjamin pour moi, et ainsi l'ai-je présenté autour de moi. « Là-bas », par contre, c'était toujours Bernard et je faisais bien attention de ne jamais l'appeler Benjamin devant miss Lai, de façon à creuser le fossé un peu plus entre eux. Ils auraient beau jeu de chercher leur Bernard plus tard, si l'envie leur en prenait, il n'y aurait plus de Bernard ! A trois ans et demi, le petit semblait avoir compris le pourquoi de ces deux noms, ou du moins ne pas trouver la chose étrange.

Un jour on lui a demandé dans la rue « comment s'appelait ce mignon petit garçon ? » et j'ai attendu la réponse, curieuse de voir ce qu'il allait répondre. Il a jeté un de ses petits coups d'œil en biais et a dit : « ... Ben-za-min... » tout timidement, ne sachant pas encore si c'était vraiment lui, Benjamin.

Je fais des choses absurdes, pour étayer l'avenir et me forcer à croire que cela ne peut faire autrement que de s'arranger. Je vais l'inscrire à l'école maternelle, pour la rentrée, à tout hasard et sous ses deux noms : Bernard Song *alias* Benjamin Tao. La directrice n'y comprend rien, mais l'inscrit en soupirant. « Quatorzième sur la liste d'attente ! On vous écrira en septembre. » A peine aimable, la directrice, mais j'en sors folle de joie. Je m'y vois déjà, à la rentrée, avec mon Benjamin tout propret, cartable neuf et cheveux longs, sa petite main dans la mienne.

Ses cheveux repoussent un peu et j'ai retaillé sa frange. Il a encore un peu l'air d'un hérisson, mais d'un hérisson apprivoisé ! Il embellit chaque semaine et se sent mieux dans ses vêtements, dont il prend un soin étonnant pour un enfant si jeune.

– Z'ai fait une tace, faut la f'otter, dit-il à chaque tache et d'un air inquiet, comme si j'allais le gronder.

La deuxième rencontre avec ma mère se passe nettement mieux. Il faut dire qu'à la campagne il a été cueillir sans qu'on lui dise rien quelques marguerites dans un pré et les lui a portées.

– Z'ai fait un bouquet pou' toi, a-t-il dit avec sa grosse voix en lui tendant ses trois fleurs. Qui n'aurait pas fondu ! Il était ce jour-là tout habillé de vert et bleu, un grand chapeau de paille sur la tête, encore tout rond mais déjà plus heureux.

Si Benjamin la déroute toujours, ma mère s'inquiète surtout – comme toutes les mères se seraient inquiétées – des complications et des risques que présente cette adoption. Elle me dit avec justesse qu'elle me trouve déjà bien nerveuse. Ai-je bien réalisé que cela durera des années, si aucune solution n'est trouvée ? Quelle réponse peut-il y avoir ? La logique est une chose, mon petit bonhomme une autre...

Il est de plus en plus souvent chez nous. Des amis venus dîner lui apportent un soir une tunique indienne orange à broderies, qu'il enfile aussitôt et qui lui va à ravir. Il dit « merci » tout seul à présent et va même faire un bisou.

— Cet enfant est fait pour vous ! s'exclament les amis.

Benjamin lève la tête du tapis — resté un endroit de jeu préféré — où il jouait avec ses petites voitures et nous sourit. J'ai l'impression qu'il fait vraiment partie de la famille, cette fois-ci.

Il me faut aller à Londres quelques jours et j'y retrouve Laura, grande amie du temps des études à qui je raconte mes peines.

— Tu l'auras, ton Benjamin, tu l'auras, me dit-elle apaisante.

Mais je ne devais pas l'avoir.

Je me dispute avec Julien à tout bout de champ, Julien qui ne pense qu'à ses problèmes : la politique, le commerce, le cercle de ses amis, la situation en Asie et sa femme qui ne l'aide pas, lui, à s'en sortir pour ne penser qu'à ce petit Chinois qui lui complique singulièrement la vie. Comme c'est un idéaliste éperdu, il tient ce genre de discours :

— Je veux bien l'adopter, remarque, justement parce qu'il est chinois. Ça fera un exemple pour les autres ! Un Tawainais père d'un Chinois, hein, quelle leçon ! et puis, ce n'est pas l'enfant que je crains, un enfant c'est un enfant, mais les parents. Tu verras, avec les Chinois, les ennuis que nous aurons ! Tu ne comprends rien aux Chinois, ce n'est pas ton diplôme qui y change quelque chose ! Tu es naïve et sentimentale. Mais moi je sais. Je les connais bien les Chinois !

Il les connaît bien, soit. Que les Taiwanais et les Chinois rivalisent depuis des lunes, soit. Et alors ? Chinois ou persan, je m'en moque à présent. Ne comprend-il donc pas que c'est « mon Benjamin », mon petit garçon dont personne ne veut, même pas lui, au fond ? Je l'aime encore plus parce qu'il est chinois et que sa propre communauté n'en veut pas. Julien a beau dire, je n'en démords pas. Il est trop tard pour reculer, qu'il en profite donc pour montrer qu'avoir un père taiwanais est une bonne chose pour n'importe quel enfant, et qu'il oublie un peu ses considérations politiques...

Julien, comme beaucoup de Taiwanais cultivés, parle fort bien chinois, ce qui est d'un grand secours pour les négociations. A Benjamin, il a tenté plusieurs fois de parler chinois pour voir s'il comprenait. Le petit comprend relativement bien et sait quelques phrases, mais se bloque très vite quand on s'adresse à lui dans cette langue. Chez lui, on parle chinois, certes, mais au-dessus de sa tête, personne ne perdant de temps à lui faire la conversation. Le français, il a dû l'acquérir tout seul vaille que vaille à l'école, et peut-être aussi un peu chez la nourrice.

Il s'exprime en tout cas mieux en français, même si l'élocution est souvent malhabile. Le soir, en se lavant les dents, il dit *Shua Ya*, qui signifie justement « brosser les dents » et rit parce que je comprends, mais dans l'ensemble, le chinois restera la langue de « là-bas ». Comme nous avons des rayons entiers de livres chinois, il les distingue parfaitement des livres français, même s'il ne sait pas lire.

– Ça, c'est du français, et pis ça, c'est du chinois ! claironne-t-il fièrement.

Un jour, il demande même à Julien :

– Dis, tu m'apprendras à dessiner le chinois, quand je serai grand ?

Et Julien promet, en ajoutant bien sûr qu'il lui apprendra aussi à parler le taiwanais pendant que nous y sommes !

Benjamin commence à raconter :

– Là-bas, les grands sont méchants.

Frédéric le bat toujours. Il dit « F'édé'ic », les « R » ne passent pas. F'édé'ic casse ses jouets, F'édé'ic donne des coups de pied. Et Mathieu ?

– Z'aime pas Mathieu, il a un vélo.

Pourtant, quand bien plus tard je les verrai réunis, je constaterai qu'ils jouent quand même ensemble.

Je découvre que Benjamin est d'une jalousie féroce. Nous lui appartenons, chasse gardée, jardin secret, pas question de partager ! Il nous garde de ses frères aux yeux desquels il a commencé à prendre de l'importance, lui qui en avait si peu, le plus jeune et le moins aimé ; plusieurs fois, je lui ai donné des cadeaux à leur rapporter, des vêtements de temps à autre, pour qu'il partage un peu, mais surtout pour que les autres lui pardonnent ces week-ends où on le gâte ; n'empêche que cela passe mal.

Une fois, miss Lai, dont la vue me fait toujours frémir – ce que je cache de mon mieux – arrive avec Mathieu pour chercher Benjamin, expliquant « qu'il n'a pas voulu rester dans la voiture ». Mathieu se glisse dans la maison et fonce dans la chambre de Benjamin. Il regarde le lit, « C'est là qu'il dort, Bernard ? » puis quand il le voit, il a cette phrase qui me rend malade :

– T'en as des beaux habits, Bernard ! Quand Frédéric va voir ça, il va drôlement te taper dessus !

L'air de dire qu'il en ferait bien autant.

Benjamin reprend son air de chat mouillé, son air de semaine. Le week-end est bel et bien fini. Il les avait un peu oubliés, les vilains frères, la marâtre, la banlieu. Il range ses vêtements, prend son manteau et s'en va comme un automate, presque sans m'embrasser.

– A samedi prochain, Bichou ? A samedi ? Compte sur tes doigts, chaque jour un doigt et ça passera vite samedi. Voilà des chocos pour la route, tu partages avec Mathieu, hein ?

Ils s'en vont, je reste seule, malaise accru.

Pourtant Mathieu n'est pas en peine, il est mieux aimé et comme le dit Benjamin « il a un vélo », ce qui montre quand même qu'on a plus d'égards pour lui. Je ne peux pas non plus prendre en compte toute la famille, et Mathieu qui a sept ans n'a pas du tout l'air aussi mal dans sa peau que son frère, loin s'en faut. Au contraire, Benjamin, pour avoir été négligé au détriment des aînés, a besoin d'exclusivité et le montre très nettement.

Benjamin a une amie ! C'est Sophie, petite fille de quatre ans de mes charmants amis Bernard et Cécile. Sophie est vietnamienne et Bernard et Cécile, pour avoir adopté trois enfants, connaissent parfaitement les dédales des procédures et le cortège d'angoisses qui les accompagnent. Cécile, merveilleuse amie, peut-être le plus grand secours et la meilleure oreille que j'aie connus cette année-là. Le réconfort dans les mouvements de doute, la parole sage au bon moment, Cécile et Bernard sont pour moi l'exemple vivant de la famille réussie. Leurs enfants sont adorables et l'éducation qu'ils reçoivent un modèle du genre. Sophie et Benjamin se retrouvent assez souvent, mais toujours en ma présence, et Sophie participe à toutes les festivités.

Le père de Sophie est « le grand Bernard », probablement le seul adulte que Benjamin connaisse qui porte ce prénom, d'où une certaine considération qui se manifeste en général par un surcroît de timidité. Il n'empêche qu'une fois, ayant un rendez-vous où je ne peux décemment emmener Benjamin, force m'est de le laisser un après-midi chez Cécile. Je le lui ai expliqué, l'assurant que je reviendrai le chercher après le goûter, mais il a hurlé comme un perdu, comme au premier jour, hoquetant et se cramponnant désespérément à moi. Cécile l'a rassuré de son mieux et m'a fait signe de m'échapper, mais cela nous a fait à toutes les deux une affreuse impression, cette crainte perpétuelle d'être laissé sur le carreau...

Quand je suis venue le chercher, après le goûter comme je l'avais annoncé, Benjamin m'a ignorée ostensiblement. Je lui ai fait faux bond, il faut bien qu'il montre qu'il m'en veut un peu ; la soirée est d'autant plus câline. Il vient sur mes genoux et nous lisons ensemble *Quatorze ours en hiver*, histoire d'ours à douze enfants, qui marchent patte dans la patte et dont le plus jeune est l'ourson Benjamin.

Et cette mère qui ne se décide pas ! Elle n'a dit ni oui ni non, Song Tsuo n'a pas réussi à en obtenir une réponse, tout ce qu'il a pu faire a été de nous transmettre son numéro de téléphone, chez ceux qui l'hébergent. Que faire ? Je décide un beau soir de leur téléphoner. Je tombe sur une femme charmante, qui me dit avoir élevé seule plusieurs enfants et ne rien comprendre à l'attitude de cette Mère. Elle ne comprend pas qu'on puisse se désintéresser du sort de ses enfants. Je lui demande franchement si la Mère ne souhaiterait pas plutôt reprendre ses enfants, et s'il ne faudrait pas l'aider à le faire, leur intérêt à tous les trois étant en tout cas de sortir au plus vite des griffes de miss Lai, mais elle me répond que la Mère ne se sent d'obligation qu'envers Frédéric, qu'elle a élevé un certain temps, mais qu'elle n'a aucune image de Bernard, tout petit quand elle était partie, qu'elle est faible et désarmée, qu'elle ne parle que chinois et n'a aucun métier. Comment ferait-elle vivre trois enfants ? Certains, dans la communauté chinoise – qui sait être solidaire – , ont proposé de l'aider, mais elle a refusé, disant que c'était au-dessus de ses forces et qu'elle n'en avait pas envie. Reprendre un jour Frédéric ? Peut-être, mais Mathieu sûrement pas et Bernard encore moins, s'indigne mon interlocutrice inconnue. Elle ajoute qu'elle est contente de m'avoir entendue, qu'elle se rend compte qu'être avec nous serait une excellente chose pour Bernard et qu'elle va essayer de pousser la Mère à prendre parti : récupérer son enfant ou donner son accord, en lui soulignant bien à quoi l'entraînerait l'une ou l'autre décision.

Je raccroche, un peu réconfortée d'avoir trouvé une alliée dans ce galimatias.

Que la Mère soit malheureuse, c'est évident, mais puisque cela fait déjà trois ans qu'elle ne s'est pas occupée de cet enfant, et qu'elle n'a aucune envie de l'avoir auprès d'elle – j'ai toujours supposé que si elle s'était présentée chez les Song, ils lui auraient remis sans aucune difficulté Frédéric ou Bernard – , ne peut-elle donc regarder les choses en face et laisser au petit une chance d'avoir une vie normale et une vraie famille ? Est-ce trop demander ?

Cela fait six semaines, depuis ce premier mai, et nous tournons en rond. La classe étant finie, nous avons carrément pris Benjamin à la maison, mais Julien a exigé que cela ne dépasse pas quinze jours.

Il assure qu'il ne doit pas être chez nous tant que l'acte n'est pas signé, car pourquoi les parents signeraient-ils, si nous montrons que nous sommes prêts de toute façon à prendre l'enfant ? Et de me répéter que je ne comprends rien, tandis que lui, n'est-ce pas, il les connaît, les Chinois !

Il a beau les connaître, il n'a pas prévu la réaction de la Mère.

Benjamin, depuis quinze jours à la maison, commence à se transformer nettement, à devenir exubérant, à faire des farces. Il se sent bien. Un soir, il m'appelle maman, tout naturellement et je ne tique pas, comment le pourrais-je ? Je suis sa maman sans l'être. Enhardi, il appelle aussitôt Julien papa, qui ne réagit pas non plus. Qu'il est difficile d'expliquer les choses à un petit bonhomme de trois ans et demi ! Nous ne pouvons pas nous enliser dans cette situation, il faut savoir, il faut obtenir une réponse de la Mère, quelle qu'elle soit, mais vite ; nous n'avons pas le droit de laisser Benjamin s'installer dans ce rêve, si cela doit rester un rêve, en cela je suis parfaitement d'accord avec Julien. Il faut qu'il téléphone à la Mère, lui qui parle mieux chinois que moi, et qu'il lui demande sa décision.

Début juillet

Eh bien, nous l'avons la réponse ! Elle est toute simple : la Mère veut nous voir avant de prendre une décision, et veut revoir l'enfant.

Julien raccroche et me regarde :

– Pas question, tu entends, pas question ! Si elle met les pieds chez nous, nous l'aurons toute la vie sur le dos, et pas seulement nous, ton Benjamin aussi. Elle voudra le voir régulièrement, elle sera chez nous tout le temps, elle nous prendra pour la nourrice, et moi, les chinoiseries je n'en veux pas, c'est pourtant clair ?

C'est parfaitement clair, en effet. Mais à cet instant, comment ne pas comprendre cette femme et partager son sentiment ? On lui a dit, la pauvre, qu'on avait trouvé une famille pour son fils, cet enfant qui est si peu le sien qu'elle ne le reconnaîtrait même pas si elle le rencontrait dans la rue, mais sur lequel elle a tous les droits. Comment savoir si cette famille est bonne et si l'enfant y sera bien ? Comment savoir si cette solution qu'on lui présente est autre chose qu'un traquenard ? Un moyen pour Song Tsuo de se débarrasser de cet enfant gênant ?

Je m'évertue à le faire comprendre à Julien, je plaide longuement, j'insiste sur le fait qu'il n'y a rien à perdre, car si elle dit non, nous le saurons immédiatement. Si par contre elle accepte, je ne vois pas pourquoi elle se manifesterait plus chez nous que chez les Song Tsuo où elle n'est jamais, jamais allée voir son fils... Je dis qu'elle ne parle même pas français, et Benjamin à peine chinois, je ne vois pas bien quel genre de rapport pourrait s'établir entre eux, à partir du moment où le petit aurait des parents comme tout le monde.... Je dis... Je ne sais plus ce que je dis, mais Julien finit par craquer.

Julien téléphone à la Mère, va la retrouver et m'appelle pour me prévenir qu'ils reviennent ensemble chez nous, et que nous irons dîner au restaurant après, avec Ben évidemment.

Le creux. La vague d'angoisse au fond du ventre, mais guère le temps de s'y complaire. Vite, je change Ben qui a justement trouvé moyen de se mettre de l'encre partout en jouant avec les cartouches de mon stylo pendant que j'étais au téléphone, je lui explique qu'une amie va venir avec Julien – que dire d'autre en effet ? – et nous passons ensemble l'aspirateur sur notre tapis complice, histoire de donner meilleure allure à la maison. Je les attends de pied ferme pendant que Benjamin contourne le tapis en tricycle, en évitant soigneusement les franges comme à l'accoutumée.

Elle est là. Elle nous regarde vivre avec cet enfant qui est déjà plus le mien que le sien. Elle ne lui parle pas, pas une seule fois elle ne lui adressera la parole ; mais elle le dévore des yeux, avec une certaine peur dans le regard. On dirait une bête traquée. Benjamin ne remarque rien, ne se doute de rien, il est de très bonne humeur ce jour-là. Il passe les petits gâteaux pour le thé, donne le sucre, et vient me faire des bisous toutes les deux secondes, après chaque tour de tapis en tricycle. Elle le regarde pédaler et dit que le tricycle est joli. Nous sortons pour aller dîner, et dans la rue, elle a un geste étrange et merveilleux : elle prend la main de Benjamin et la met dans la mienne. Nos regards se croisent et elle me sourit. Je sens l'espoir renaître et je lui rends son sourire.

Au restaurant, Ben s'est carrément installé sur mes genoux et a tout à coup rajeuni : Monsieur ne veut manger qu'à la cuillère. Je lui donne donc la becquée. Elle me regarde et me dit en chinois :

– Comme vous aimez les enfants !

Je ne réponds rien ; le repas s'achève et nous la raccompagnons en voiture là où elle l'a souhaité. En nous quittant, elle n'a pas un geste vers Benjamin, mais elle dit, toujours en chinois :

– Tranquillisez-vous, je suis d'accord pour vous donner ce petit.

Benjamin, qui dormait sur son coussin dans la voiture, n'a rien entendu heureusement, car il aurait sans doute compris. Je suis folle de joie. C'est gagné, c'est gagné, nous pourrons garder Benjamin, tout va être facile à présent ! Julien, par contre, est soucieux et ne le cache pas. Il insiste pour que nous rendions Benjamin à son père dès le lendemain, et que nous ne le récupérions qu'après la signature à laquelle il ne croit guère. Je trouve cela absurde. Pourquoi rendre ce qui n'a aucune envie de retourner chez lui, puisque la Mère a dit oui ? Car enfin, elle a bien dit oui !

Elle a peut-être dit oui, mais Julien ne veut rien savoir. Je suis au bord des larmes à nouveau. Plus il voit que je m'attache à Benjamin, plus Julien insiste pour qu'il s'en aille.

– Tu te fais mal, et tu lui fais mal aussi, me dit-il à tout bout de champ.

Peut-être, mais j'en veux terriblement à Julien de ne pas comprendre que je n'arrive pas à raisonner et à voir la situation aussi froidement que lui. J'aime Benjamin de plus en plus tandis que lui se repent chaque jour un peu plus d'avoir accepté de se laisser entraîner dans cette histoire. J'ai comme l'impression qu'il est jaloux de la place qu'a déjà prise Benjamin dans mon cœur.

Ben est parti en larmes et tout enchifrené, mais qu'y faire ?

— Je te préparerai des surprises mon Bichou, tu verras, la prochaine fois, et nous irons au zoo.

Ben parti, Julien m'annonce tranquillement qu'il a prévu un voyage d'affaires aux Etats-Unis et doit partir aussitôt, qu'il restera absent trois semaines et qu'il en profitera pour voir son frère aîné qui vit à Washington.

Sans Julien et Benjamin, la maison est toute vide. J'en profite pour transformer vraiment le bureau en chambre d'enfant. Je repeins les murs, j'installe une petite table, des images gaies au mur, une étagère pour les petites voitures, des rideaux à grandes fleurs, cela prend bonne tournure. Comme Benjamin n'a pas grand-chose à se mettre, je complète sa garde-robe et lui taille des petites chemises dans du vichy à carreaux. Je lui achète aussi des habits.

— Quelle taille, madame ?

— Du quatre ans, si ça taille grand.

C'est qu'il est toujours rond, mon petit garçon. Je lui achète des pantalons de velours bleus, des slips rayés bleu et blanc, des chaussettes bien hautes, un pull en shetland, un petit blouson et des chaussons pour la maison qu'il puisse enfiler tout seul.

Avant son départ, Julien et moi avons juste eu le temps de passer un dernier dimanche avec Ben. Mon mari lui a demandé ce qu'il voulait qu'il lui rapporte des Etats-Unis et Benjamin a répondu d'une petite voix très décidée :

– Un bateau.

– Un bateau comment ?

– Un bateau à pile pour mettre dans la baignoi'e.

– C'est promis, tu l'auras, ton bateau à pile !

Cette promesse a fait beaucoup pour aider Ben à attendre le retour de Julien. Quant à moi, les travaux de la maison finis, j'emmènerais bien Benjamin à la campagne, aussitôt la signature faite. Rendez-vous a effectivement été pris chez le notaire, Lucie a bien fait les choses et nous a clairement expliqué : seuls les parents de l'enfant doivent s'y rendre, séparément s'ils le désirent. L'acte sera irrévocable trois mois après, le plus tôt sera donc le mieux, et l'absence de Julien n'y changera rien. Rendez-vous a été pris pour le 10 juillet, Ben et moi pourrions partir dès le lendemain.

Mon mari était à peine parti et mes travaux tout juste finis que la Mère me téléphone, deux jours avant la signature. Elle m'annonce tout simplement qu'elle n'ira pas chez le notaire tant qu'elle n'aura pas parlé à Julien. Je tente de lui expliquer qu'il est aux Etats-Unis et y restera jusqu'à la fin du mois. Ne peut-elle me dire à moi pourquoi elle a changé d'avis ? Elle n'a pas changé d'avis, mais elle ne signera pas tant qu'elle n'aura pas vu Julien. Elle refuse de me dire ce qui la tracasse et m'affirme aimablement que je ne parle pas assez bien le chinois pour comprendre, ce qui est sans doute vrai, mais n'arrange pas mes affaires. Elle n'en démord pas et raccroche, me laissant tout étourdie.

Mais... mais pourquoi ? si elle n'a pas changé d'avis, alors pourquoi ? Et Julien que je ne sais où joindre, et mes vacances si bien organisées avec Ben ?

Désespoir.

Je tourne en rond.

Je me force à croire qu'elle n'a pas changé d'avis, qu'elle ne peut pas avoir changé d'avis. Puis il me faut bien prévenir Lucie et décommander Song Tsuo, pas content du tout. Quant à Lucie, elle est sceptique et me conseille la plus grande prudence.

– Puisque Julien doit revenir le 28, fixons la signature au 29 et espérons qu'elle viendra, dit Lucie d'un air soucieux.

Attendre.

Rassurer ma famille qui n'y comprend rien, expliquer aux amis dont la prévenance est quelquefois encombrante, me réfugier chez Cécile, qui comprend et qui sait, mais qui ne juge pas, chère Cécile...

Comme elles sont longues, les journées d'angoisse...

Vers le 20 juillet, Julien me téléphone des Etats-Unis et ne manifeste aucun étonnement quand je lui annonce que la signature n'a pas eu lieu à la date prévue. Il en était quasiment sûr ! Son frère à Washington lui a déconseillé de se lancer dans cette affaire ; il avait bien réfléchi, toute cette histoire ne tenait pas debout et finirait mal. Je le supplie d'essayer de revenir un peu plus tôt pour raccourcir mon attente, puisque la Mère l'attend pour aller signer, mais il refuse tout net. Il n'a rien à lui dire et ne veut plus entrer dans son jeu, une fois a suffi, jusqu'à quand ça va durer, tout ça ? Et il raccroche, me plantant là avec ma peine et mes soucis.

Cette semaine-là est bien difficile et je tente de m'étourdir pour ne pas y penser. Vaille que vaille la semaine passe et Julien est de retour.

Dès l'arrivée à l'aéroport où je suis allée le chercher, il déclare qu'il téléphonera à la Mère s'il le faut, mais qu'il ne la poussera à rien, parce qu'il n'y tient pas.

Il n'y tient pas. C'est évident qu'il n'y tient pas ! Ça crève l'écran qu'il n'y tient pas ! Mais comme je le regarde avec des yeux vengeurs, il ajoute quand même tristement, tant cela fait partie de sa difficulté d'être, ces sentiments ambivalents :

– Et pourtant, je lui ai rapporté, tu sais, son bateau à pile.

Nous avons tout juste le temps de rentrer à la maison. Les valises sont à peine posées que le téléphone sonne. C'est elle, c'est la Mère. Julien a décroché ; avant qu'il n'ait eu le temps de dire quoi que ce soit, elle dicte ses conditions. Elle annonce qu'elle a perdu deux dents, ce qui est mauvais signe ;

qu'il faut lui jurer que si nous divorçons un jour c'est à elle et non à Song Tsuo que nous rendrons Bernard ; que si nous avons un enfant à nous, il faudra lui rendre celui-là, et qu'en attendant elle veut le voir une fois par an.

Julien dit non à tout en bloc et raccroche.

– Je t'avais bien dit que ça finirait mal, non ? Tu n'as pas voulu m'écouter, tu es bien avancée maintenant ! Et ce gamin, tu crois que ça lui a fait du bien, ton cirque ? Alors on arrête là, cette fois, tu comprends ? Fini, Benjamin, fini !

Et il s'enfonce dans son fauteuil, bien décidé à couper court à toute discussion.

Je m'en vais dans la cuisine, tout au fond de l'appartement, cacher mon chagrin et sangloter tranquille. Il a dit fini, rayé, Benjamin, hop, on n'en parle plus ! On n'en parle plus, de mon petit garçon ? Mais que va-t-elle gagner, l'autre qui n'en veut pas mais qui m'empêche de l'avoir ? Et que va-t-il devenir ? Et si comme l'a dit perfidement Julien je lui avais fait plus de mal que de bien en lui entrouvrant la porte sur une autre vie pour la lui claquer au visage aussitôt ? N'est-il pas plus frustrant d'être gâté de temps en temps et de goûter par intermittence au bonheur que de n'en jamais rien savoir ?

Je les déteste tous, tous, tous, mais cela ne m'avance à rien. Je pleure toute seule, je pleure toute sotte. J'en ai versé des larmes, petit bonhomme, sur ton sort et sur le mien et sur le nôtre... des larmes grises et inutiles, des larmes vaines et désolées, des larmes à ne rien faire.

Je pleure des jours durant, il n'y a plus de conversation possible tant le silence est épais. Je ne peux pas laisser tomber, je ne peux pas tirer un trait, je ne peux pas. Oublier Benjamin, qui ne supportait pas que je le laisse deux heures chez Cécile ? Oublier Benjamin, à qui j'ai promis des vacances, à qui j'ai promis la rentrée, à qui j'ai promis l'avenir ? Je ne peux pas, comment Julien peut-il me demander cette chose-là ? Une autre solution, peut-être, un terrain d'entente avec les Song pour donner quand même quelque bonheur à Benjamin serait envisageable, mais est-ce équilibrant pour un enfant d'être ainsi partagé entre deux foyers et comprendra-t-il, quand il sera plus grand, que nous ne l'ayons pas pris chez nous tout à fait, nous qui disions l'aimer ?

Julien m'observe en silence, complètement déchiré. Il souffre de ma peine et ne sait quoi faire pour m'aider, écartelé entre son immense soulagement de n'avoir pas eu à adopter Benjamin, les conditions étant inacceptables, et sa tristesse de me voir dans cet état.

Julien ne tient pas longtemps. Au bout de deux jours mornes, il n'en peut plus et me dit :

– Arrête, veux-tu ? Allons le voir, ton Benjamin, allons le chercher, n'importe quoi, veux-tu ? Je t'en prie, ne pleure plus. On va trouver une solution. Tu pourrais être sa marraine ? Il viendra en week-end chez nous, nous l'habillerons, nous suivrons sa scolarité, nous l'emmènerons en vacances même, mais ne lutte pas contre l'impossible. Il n'est pas adoptable cet enfant, mais ça ne t'empêche pas de t'occuper de lui de temps en temps, hein ? Et nous en adopterons un autre, voilà tout...

Après tout, Julien doit avoir raison, et foin de la philosophie : se faire cajoler chez nous de temps à autre et savoir que quelqu'un l'aime bien en dehors de sa grisaille quotidienne ne peut être qu'une bonne chose ; il sera toujours temps d'aviser par la suite ! Mais il va falloir le lui dire, au petit qui s'attend à venir chez nous et ce sera bien difficile. Il va falloir aussi apprendre à côtoyer cette famille qui me déplaît tant, obtenir son accord pour ce marrainat, et surtout qu'ils le gardent et ne le traitent pas trop mal... Il va falloir s'habituer à ce nouveau rôle, mais c'est le seul possible, si Julien refuse de recueillir tout bonnement Benjamin. Julien va fouiller dans sa valise et sort un bateau à pile, rouge et blanc, qu'il me tend en disant :

— Tu vois que je l'avais vraiment acheté, son bateau à pile, je l'avais quand même acheté !

Petit bateau rouge, nous te l'avons donné, Benjamin mais ce n'était pas encore le premier bateau d'un père à son fils, celui que Sébastien devait te donner huit mois plus tard. Je ne connaissais pas encore Sébastien à cette époque et ce petit bateau brouillait mes yeux de larmes, tant il semblait inutile et dérisoire, tant il flairait l'acte manqué...

Julien téléphone donc à Song Tsuo et lui demande si nous pouvons venir chez lui. Il lui raconte ce qu'a déclaré la Mère et Song Tsuo se lance dans une grande diatribe contre elle, que tout est de sa faute et que lui, il y serait allé chez le notaire ! Julien coupe court, et annonce que nous irons « là-bas » le lendemain.

« Là-bas » ce n'est pas si terrible que ça. Une sorte de pavillon minuscule d'aspect plus délabré que crasseux, avec une courette où trône effectivement le vélo de Mathieu et une cuisine en formica. La chambre des parents prend toute la place et les enfants s'entassent dans une petite pièce. Frédéric et Mathieu ont des lits superposés mais Bernard n'a droit qu'à un matelas par terre. Un affreux roquet jappe à notre arrivée. Il s'appelle Jiejie, ce qui signifie « grande sœur » en chinois, charmante assimilation pour les enfants ! Miss Lai m'explique effectivement qu'« avec tous ces garçons, il fallait bien une chienne », ce doit être de l'humour, mais je ne suis pas là pour faire des réflexions...

Ben est ravi de nous voir, il nous saute littéralement au cou, puis me prend par la main pour me faire visiter la maison, ce qui est vite fait. Comme il n'y a guère d'autre endroit où s'installer, nous allons discuter dans la cuisine. La conversation a lieu en chinois, et je ne me rends pas compte de ce que Benjamin en saisit réellement, d'autant que miss Lai les a envoyés d'un ton sans réplique jouer ses frères et lui dans la cour.

Julien explique patiemment à Song Tsuo attentif et miss Lai furibonde qu'il n'est pas possible que nous prenions Bernard sans l'accord de sa mère, car il n'aurait aucun statut, et que s'il surgissait le moindre problème, à l'école, pour sa santé, pour son avenir, il nous faudrait à tout instant solliciter leur permission à tous les deux, qui en sont les légitimes gardiens, tandis que miss Lai n'a aucun droit sur Bernard, même si c'est elle qu'il appelle maman actuellement ; que nous renonçons donc à l'adopter, mais que comme nous l'aimons bien et qu'il semble nous aimer aussi, nous proposons aux Song une sorte de marrainat : nous nous occuperons de lui, de sa scolarité, de ses vacances, nous l'aiderons dans l'existence, nous l'habillerons s'il le faut et il viendra chez nous de temps en temps, ce qui soulagera les Song d'autant. Il restera dans sa famille, mais nous les aiderons à l'élever.

Song Tsuo dit oui immédiatement, tout en lançant un regard de côté à miss Lai, visiblement peu enthousiaste. Elle n'a aucune envie de garder Bernard. Elle se plaint de la charge d'élever trois enfants, dit que c'est tout petit chez eux, que Bernard serait beaucoup mieux chez nous (voilà une opinion que je partage entièrement !) et que nous avons tort de nous inquiéter, la Mère ne s'y intéressera jamais.

Julien répète que le problème n'est pas là, mais qu'il faut qu'un enfant ait une place à part entière dans un foyer, d'autant plus que nous avons l'intention d'en avoir plusieurs. Comme il se heurte à un mur – comment ces gens-là qui sont des abandonneurs d'enfants comprendraient-ils ? – , il tente de ramener la conversation sur l'avenir : sont-ils d'accord ou non pour ce que nous proposons ? Song Tsuo regarde miss Lai, qui grommelle quelque chose d'indistinct. Ils échangent quelques phrases en cantonais, dialecte que ni Julien ni moi n'entendons, sur un ton assez emporté, puis Song Tsuo déclare que c'est une solution, et nous remercie même de nous occuper de l'enfant.

Je prends timidement la parole, pour demander si, en vertu de ce nouvel accord, je pourrais emmener Bernard en vacances avec moi pour une quinzaine de jours, comme je l'avais prévu ?

J'avais bien tort de me faire du souci, ils sont trop contents que je le prenne, ne serait-ce que pour quinze jours, et donnent leur accord immédiatement. Nous convenons donc que Song Tsuo le conduira chez nous le week-end suivant.

Nous prenons congé. Miss Lai m'insupporte, mais je me domine, il va être essentiel pour le bien de Benjamin que nous ayons relativement l'air de nous entendre avec sa famille, à présent, faute de quoi il risque d'en être complètement perturbé ; lui qui l'est déjà assez. Quant à Song Tsuo, il ne mérite visiblement pas d'avoir un enfant pareil, et ne semble songer à ses fils que pour regretter leur présence ! Je le crois cependant moins mal intentionné que miss Lai, indifférent, encombré, distant mais pas hostile. Bien des enfants, après tout, ont des pères qui ne s'intéressent guère à eux mais l'indifférence poussée jusqu'à l'abandon, ce n'est quand même pas si fréquent !

Ben nous raccompagne à la voiture. Je le prends dans mes bras et lui dis qu'il va partir quinze jours en vacances avec moi, dans trois jours, s'il veut bien. Intimidé, tout d'un coup, il jette un coup d'œil en arrière – Song Tsuo et miss Lai sont restés sur le seuil – et dit oui, un très petit oui, mais son œil a brillé. Du reste, je n'ai rien dit, ce n'est vraiment pas l'endroit pour une conversation « de cœur » ; il sera toujours temps chez nous.

Nous rentrons à la maison sans Benjamin, ce qui est aussi bien. Ne faut-il pas nous habituer à ce nouveau rôle, et ne pas en faire trop ? J'entre dans ma peau de marraine, avec un soupir que Julien prendra pour un soupir de soulagement, tout content qu'il est de me voir la mine moins sombre. Il me déposera au bas de l'immeuble, estimant avoir assez perdu de temps pour la journée, pour filer retrouver son cercle d'amis. En chemin, il m'a quand même avoué son étonnement devant cette situation étrange pour un Asiatique : s'il est entendu parfaitement au courant qu'une belle-mère en Chine, comme partout en Asie, ne peut-être qu'une marâtre, il est quand même très rare de voir un père chinois se désintéresser de ses fils. Une fille, passe encore ! mais un fils qui doit assurer le culte de ses ancêtres, un fils qui représente la continuité de la famille, c'est incompréhensible, et trois fils, carrément impossible, de même qu'il est très curieux qu'aucun parent ne se soit manifesté, la solidarité familiale n'étant pas un vain mot chez les Asiatiques. Peut-être est-ce pour cela, par crainte d'être critiqué par la communauté pour avoir laissé tomber ses enfants, que Song Tsuo s'est rallié à notre proposition, qui a le mérite de lui sauver la face aux yeux de ses compatriotes ?

Je reste seule à nouveau, avec mes interrogations. Benjamin sera mon filleul, soit. Je veillerai sur lui autant que je pourrai, et je ne l'en aimerai pas moins pour n'avoir pas pu en faire mon fils. Je lui rendrai la vie meilleure, et sachant que nous veillons dans l'ombre, miss Lai n'osera pas trop le maltraiter. Quand il aura grandi... quand il aura grandi et fait la part des choses, notre affection lui sera acquise et peut-être de lui-même voudra-t-il venir s'installer chez nous ?

Je rôde dans cet appartement désert et si petit que je me retrouve immanquablement dans la chambre de Benjamin, ou faut-il dire de nouveau le bureau de Julien ? Me reviennent l'envie d'enfant, l'envie de famille, l'envie de vie normale et l'envie d'adopter. Julien a bien dit que nous en aurions d'autres ! Avoir Benjamin comme filleul – qui va sans doute rester Bernard, je m'en fais à l'instant la réflexion, sauf s'il souhaite garder les deux noms – et ne jamais le négliger ne signifie pas pour autant qu'il me faille abandonner mon idée d'adopter, ce serait trop sot. Il faut bien admettre qu'il a une famille, quand quelque part au monde attend sûrement un enfant en mal de parents... Je vais reprendre ma quête, la chambre est là, qui ne demande qu'à servir : de mes années d'équitation, j'ai gardé un sain principe : ne jamais s'avouer vaincue devant l'obstacle. Si le cheval pile, recommencer jusqu'au succès qui ne peut manquer d'arriver.

Et je suis retournée à mon idée première, adopter un enfant d'Asie...

Je reprends mon stylo et Julien son pinceau, nous écrivons encore au Japon, à Hong Kong, à Taiwan, à Macao, à Singapour. Tous les orphelinats d'Asie peuvent se vanter d'avoir reçu nos lettres et bien des amis sont mis à contribution. Julien a accepté d'emblée, pensant me faire tourner la page, ce qui est bien mal me connaître...

Arrive le temps des vacances et Song Tsuo nous livre Benjamin, comme une commande à destination. Julien n'a jamais eu grand goût pour les vacances, et n'a guère envie de s'enterrer avec moi – encore moins avec Benjamin ! – à la campagne, tout au plus consent-il à nous y conduire et nous laisse-t-il aussitôt, pour s'en retourner soulagé vers sa cour de compatriotes.

Fort heureusement, il a été convaincu que Frédérique nous rejoindrait. Frédérique est elle aussi mariée à un Taiwanais et a un fils de vingt mois, le petit Fabien, tout en attendant un bébé qui sera Camille la mignonne. Baolin, le mari de Frédérique, fait visiter l'Europe à ses parents venus faire connaissance avec la famille de leur fils, mais il n'aurait pas été raisonnable que Frédérique les accompagne. Je me suis toujours très bien entendue avec Frédérique, depuis le jour où Julien a proposé à Baolin une présentation des « femmes françaises », sans doute pour discuter plus tranquillement avec lui ! Frédérique est énergique, bien plus déterminée que moi à ne pas se laisser dévorer par ce qu'elle appelle « la mafia taiwanaise », et d'une compagnie extrêmement agréable. Nous partageons bien des choses et Frédérique suit avec grand souci mes péripéties d'adoption. Passer ces vacances ensemble est donc une très bonne idée. Benjamin et Fabien joueront tous les deux. Frédérique et moi ne manquerons pas de sujets de conversation. Une autre amie a le plus gentiment du monde mis à notre disposition sa maison de campagne, qui se trouve située dans une île sur la Seine, close d'un jardin, l'endroit parfait pour passer des jours d'été avec des enfants aussi jeunes.

Avant de partir pour la campagne, j'explique la situation à Benjamin. Je lui dis aussi simplement que possible qu'il ne peut pas être mon petit garçon parce qu'il a quand même des parents et aussi des frères, mais que je l'aime beaucoup, qu'il sera toujours mon Benjamin. Seulement, il ne peut pas venir habiter tout à fait chez moi, parce qu'il a une autre maison. S'il veut, je serai sa marraine et Julien son parrain. Il viendra chez nous souvent, nous irons en vacances ensemble comme nous allons partir maintenant, et pour ses quatre ans, nous ferons une fête, rien que pour lui. Je ne suis pas sûre que Ben ait réellement compris ce que c'est qu'une marraine, mais je pense avoir exprimé ce qu'il avait confusément ressenti, et peut-être perçu lors de notre visite chez son père. Il n'a rien dit, je n'ai pas insisté non plus ; à trois ans et demi, le présent compte surtout, et le présent en l'occurrence, ce sont les vacances !

Début août

La maison est délicieuse, le clos est frais, nous faisons de grandes promenades à vélo. Fabien arrimé derrière Frédérique dans un panier rit aux éclats et Benjamin pédale de toutes ses forces sur le petit vélo – qui a des stabilisateurs ! – trouvé dans l'appentis. D'une grande bassine nous avons fait une piscine où Fabien barbote tout nu avec délice, mais Benjamin boude et refuse obstinément de se déshabiller. Il est extrêmement pudique et je dois user de ruses de Sioux pour le mettre en pyjama ! Il n'aime pas non plus enlever ses chaussures, mais je n'insiste pas, même s'il a certainement trop chaud avec ses Kickers et serait bien mieux pieds nus. Le soir, nous faisons de grands feux de pommes de pin dans la cheminée, qui fascinent littéralement Benjamin. Il adore les feux de bois et m'en réclame systématiquement tous les soirs, allant chercher seul du petit-bois dans l'appentis. Il s'endormira plusieurs fois devant le feu, sur un gros coussin et je le monterai endormi sur son lit.

Benjamin est heureux et a retrouvé son sourire. De notre conversation, rien n'avait semblé l'atteindre, mais un soir, Frédérique, qui s'impatiente de ce que Fabien, pour la première fois, jette à terre sa cuillère, lui dit d'un ton sévère :

– Maman va se fâcher !

Benjamin a baissé la tête et dit très bas :

– Z'ai pas de maman, moi.

– Mais si bonhomme ! a vite dit Frédérique, mais si, tu en as une, tout le monde en a une !

– Mais z'en ai pas une comme Fabien, a insisté Ben, et c'était si vrai que Frédérique n'a plus su quoi répondre ; elle lui a ébouriffé les cheveux et lui a dit :

– Oui mais toi, en plus, tu as Valérie et c'est ta marraine. Fabien n'a pas de marraine.

Il va falloir apprendre à vivre ainsi, une marâtre et une marraine, ça ne fait toujours pas une maman, même à son âge on s'en rend compte, hélas !

Benjamin s'est lié, avec un peu de difficulté au début, avec des enfant de l'île dont une petite fille très décidée qui porte le beau nom d'Eglantine. Elle vient le chercher en amoureuse, et se vexe quand il lui préfère la compagnie des garçons. Je les photographie jouant dans le jardin : Eglantine qui s'est cassé la figure à vélo a un œil au beurre noir et Benjamin a déniché une coiffure de Davy Crockett qui lui donne beaucoup d'assurance.

Nous sommes bien dans notre île, même si les nuits sont chaudes et bourdonnantes de moustiques, qui semblent avoir une prédilection pour Fabien, pourtant moins dodu que Benjamin. Le pauvre bébé en est tout dévoré et Frédérique le badigeonne de citronnelle. Comme il fait chaud et qu'il approche quand même de quatre ans, je propose à Ben d'arrêter les couches, mais il fait souvent pipi au lit, même si je tente de le réveiller au cours de la nuit et l'emmène faire pipi à moitié endormi. Je lui mets des couches quand il m'en demande car je l'en sens tranquillisé. Il m'avoue avoir été beaucoup battu

« là-bas » pour avoir mouillé son lit, et il a effectivement une crainte dans le regard quand je découvre au matin le lit humide. C'est une question de temps et de stabilisation.

Nous sommes là depuis une dizaine de jours et Benjamin a pris une mine éclatante, quand tard dans la nuit nous réveille le bruit de cailloux lancés contre les carreaux : Julien et l'un de ses compatriotes viennent en catastrophe chercher Frédérique : un drame s'est produit à Madrid que Baolin était en train de faire visiter à ses parents : son père s'est tout à coup effondré sur la chaussée, victime d'une atteinte au cerveau, il est mort. Baolin est resté là-bas avec sa mère très éprouvée et a besoin de Frédérique pour l'aider à faire face aux formalités, compliquées du fait qu'il s'agit d'un décès à l'étranger. Atterrée, Frédérique fait aussitôt sa valise et s'en va avec Julien, emmenant Fabien avec elle malgré mon offre de veiller sur lui, car sa présence, dit-elle, distrairait sa belle-mère de son affreux chagrin.

Je me retrouve seule avec Benjamin que toute cette agitation n'a même pas réveillé, et qui aura du mal à comprendre que Frédérique et Fabien soient ainsi partis dans la nuit, quand je le lui dirai le lendemain. L'idée de rester sans Frédérique dans cette maison m'est tout à coup insupportable et je propose à Ben de partir aussi. Eglantine a quitté l'île avec sa famille, il pleuvote, Ben est d'accord, mieux vaut rentrer.

Nous passons ensemble deux jours à Paris, deux jours de découverte, nous nous promenons au bord de la Seine et Benjamin n'a pas du tout l'air de me croire quand je lui dis que c'est la même Seine qui entourait notre île.

– C'est la Seine de Paris, t'ici !

C'est bien compliqué aussi, la géographie pour un si petit bonhomme !

Puis nous raccompagnons Benjamin « là-bas », chargé de cadeaux pour toute la famille et fort de la promesse que nous le reverrions dès septembre.

Benjamin aime beaucoup faire des cadeaux, peut-être même plus qu'en recevoir ! Il me demande chaque fois s'il n'y a pas quelque chose pour ses frères, et je prends toujours soin de réserver une part pour eux, fût-elle minime, en grande partie pour faciliter le retour de Ben « là-bas », sûre qu'il sera mieux accueilli s'il ne revient pas les mains vides, et peut-être pardonné de s'être fait gâter.

Julien m'a réservé une surprise : nous partons pour la Suède où a lieu un congrès des Taiwanais en Europe, excellente occasion de s'y rendre, d'autant qu'il a aussi des gens à voir sur la route.

– Cela te changera les idées, me dit-il, et puis, tu te plains toujours que nous n'allons jamais en vacances tous les deux, eh bien, ça va nous en faire, des vacances !

Nous sommes donc partis pour la Suède, voyage épuisant s'il en fut car Julien roule à tombeau ouvert, choisissant les escales en fonction des gens qu'il a à voir, et non de l'intérêt des villes. De Copenhague, je n'ai vu que le périphérique et de Stockholm je n'aurais connu qu'une cité HLM de banlieue, si je n'étais partie seule découvrir la ville. Le congrès a lieu dans un petit bourg fade, flanqué d'un inévitable lac autour duquel je vais me promener pendant que ces messieurs reconstruisent le monde. Je n'ai vraiment pas le temps de m'ennuyer, car aussitôt la réunion achevée, nous prenons le chemin du retour, où, comme à l'aller, je ne vois que des Taiwanais fort sympathiques pour la plupart, mais si j'ai fini par apprendre quelques rudiments de leur langue, je suis loin de participer aux conversations et je bâille souvent dans mon coin.

Nous rentrons à Paris épuisés. Le seuil de la maison franchi, Julien se retourne pour me lancer :

– Tu les as eues, tes vacances !

Je ne sais que répondre, sentant qu'il serait trop déçu si je lui disais clairement que ce n'est pas ça, les vacances !

Une lettre nous attend.

Miss Lai nous a écrit, dans un français laborieux, une jolie lettre de chantage. Elle commence par nous remercier de tout ce que nous avons fait pour Bernard, puis nous prévient très urbainement qu'elle a décidé de l'envoyer à Taiwan chez sa sœur où « quelqu'un l'adoptera bien sans la signature de sa mère »...

Limpide ! Du pur chantage. Cela veut dire : si vous en voulez prenez-le vite, sinon nous l'enverrons à l'autre bout du monde et vous ne le reverrez pas.

J'en suis restée pantoise, puis j'ai bondi sur mon

stylo et ai répondu une lettre d'insultes, qui a bien évidemment fini à la corbeille à papiers. Julien a proposé de répondre en chinois, pour que ce soit plus clair, mais il n'a pas réussi plus que moi.

– Les insultes en chinois, c'est encore plus grave, me dit-il. Je ne peux pas leur envoyer ça, se serait la rupture totale. Laisse-moi réfléchir un peu.

Julien se cale dans son fauteuil et réfléchit un bon moment, tandis que je vais préparer un café salvateur, puis il m'appelle.

– Tu vois, les rapports avec les Chinois, pour moi, c'est comme une partie de Go [1]. C'est la tactique qui compte. Ce n'est pas un jeu d'échecs, où l'on répond coup par coup ! Le Go, c'est l'encerclement, la ruse, la compréhension des intentions de l'adversaire. La tactique des Song est trop grossière. Voilà un enfant qui est né à Paris, et qui n'a exactement rien à voir avec Taiwan. Pour autant que je sache, la sœur de miss Lai – si elle existe – vit peut-être à Taiwan mais la famille Song n'a aucun rapport avec Taiwan, il me semble qu'ils sont originaires d'Asie du Sud-Est : avec quel titre de voyage comptent-ils donc le faire voyager ? Quand bien même miss Lai voudrait l'envoyer dans un orphelinat là-bas, les autorités taiwanaises refuseront, ils ne sont pas là pour récupérer tous les petits Chinois en perdition du monde ! Quant à sa sœur,

1. Le Go est un jeu japonais d'origine chinoise, qui se joue à deux avec des pions noirs et blancs sur un damier. C'est un redoutable jeu de stratégie.

si sœur il y a, pourquoi veux-tu qu'elle se charge du fils du jules de sa sœur qui est en France ? Ça ne tient pas debout non plus. La seule tactique à adopter, c'est de ne rien faire du tout. Le mépris. Laisser passer un peu de temps, qu'ils aient le temps de se calmer, et persévérer dans notre programme sans rien changer. Qu'en penses-tu ?

Je suis tout à fait d'accord, plus j'y réfléchis, plus ce que dit Julien me semble fondé : il est matériellement impossible qu'ils expédient Benjamin à Taiwan, et, même si la sœur existe, elle n'a aucune raison de vouloir le récupérer, tout ça ne tient pas debout.

La lettre reste donc sans réponse, et nous laissons passer presque trois semaines avant de nous manifester, mais Ben n'est pas oublié : je lui envoie des paquets, de petites choses, des découpages, des cartes postales pour dire coucou, un bonnet péruvien...

Mi-septembre

Une lettre de Taiwan est arrivée ce matin, de Yu Shan. Ancien étudiant à Paris, Yu Shan avait sympathisé avec Julien sur les bancs de la faculté et était devenu rapidement un familier de la maison. Il était retourné chez lui, mais nous n'avions pas perdu le contact et nous l'avions chargé pour nous d'enquêter à Taiwan.

Yu Shan a trouvé une petite fille.

C'est une famille de paysans qui a trop d'enfants et veut faire adopter la plus jeune par des étrangers. La petite fille a déjà été placée chez une nourrice et si nous la voulons, il faut faire vite, sinon ce sera l'orphelinat. Il faut venir la chercher le plus tôt possible et prévoir à peu près un mois de séjour pour les formalités, l'obtention d'un passeport pour la petite... Mais en tout cas répondre vite !

Il y a une photo dans la lettre : un tout petit enfant à l'arrière d'un tricycle ; deux grands yeux et une couette attachée sur le haut du crâne avec un ruban rouge. Quel âge peut-elle avoir ? Aucune importance. Une petite fille, justement j'avais tant envie d'une petite fille...

Une histoire toute neuve avec une petite fille, pas d'ombre possible, pas de comparaison avec Benjamin, pas d'assimilation, autre chose.

Etait-ce possible ?

Julien, très content à l'idée d'avoir une fille, a dit oui tout de suite, à condition que je m'occupe de tout et que ce soit moi qui aille là-bas.

J'ai accroché la photo de la petite fille au-dessus de mon bureau et j'ai répondu à Yu Shan que je viendrais le plus vite possible, qu'il les fasse patienter, que je paierais la nourrice s'il y avait un problème de ce côté-là, mais qu'il fallait d'abord que j'obtienne l'accord de la DDASS, étant donné qu'il ne suffisait pas de traverser le monde pour aller chercher cette enfant, encore fallait-il pouvoir l'adopter, qu'elle soit réellement notre fille et porte notre nom, faute de quoi nous retomberions dans la situation précédente.

L'accord de la DDASS, je sais l'obtenir. Nous commençons la course folle par où sont passés tous les candidats à l'adoption, certificats médicaux, psychiatre agréé, visite d'assistante sociale – chance ! la chambre d'enfant attend. Nous avons gagné du temps en évitant l'enquête d'entourage : ma sœur ayant adopté Gaspard en Inde deux ans plus tôt, nos parents avaient clairement dit leur enthousiasme à avoir des petits-enfants venus d'ailleurs, ce point-là était donc acquis...

Les démarches faites, il ne reste plus qu'à attendre l'accord de la DDASS, la patte blanche pour l'adoption.

Je cherche des noms de fille, je regarde la photo cent fois, mille fois par jour, je me fais du souci. Pourvu qu'ils ne changent pas d'avis... Pourvu que la DDASS dise oui.. Pourvu qu'elle puisse sortir du pays sans problèmes... Pourvu que... mais cette histoire n'est pas celle de Clémentine dont le chemin a peu croisé celui de Benjamin, ma petite fille précieuse et merveilleuse dont la venue fut comme un baume, ma petite fille qui m'attendait.

Septembre fut un mois chargé. Travail morne, réunions, papiers à rassembler pour la DDASS et rendez-vous à prendre, attente des lettres de Yu Shan qui réclame à chaque fois ma présence au plus vite, attente aussi des résultats de la tactique de

Julien qui me donnait toujours une grande inquiétude : et si les Song trouvaient quand même le moyen de l'envoyer hors de France, mon Benjamin ?

Fin septembre

La ruse de Julien a parfaitement réussi.

Je suis retournée « là-bas ». Un après-midi où me tenaillait l'envie de revoir Benjamin, j'y suis allée. Je savais où était l'école où il allait en maternelle et je m'y suis rendue d'abord car l'heure de la sortie approchait. Quand Benjamin m'a vue, il n'a rien dit, mais a souri comme il le fait toujours en regardant de côté, l'œil en coulisse... Les dames de la garderie refusent net de me laisser l'emmener, ce qui est tout à leur honneur, étant donné qu'elles ne m'ont jamais vue et que je n'ai pas la moindre autorisation des parents à produire. Je dis donc à Benjamin que je vais l'attendre chez lui, ce qui aura pour avantage de me permettre de discuter franchement de la situation loin de ses petites oreilles inquiètes. Miss Lai est chez elle et me fait les yeux doux. Exactement comme l'avait prévu Julien , elle prétend avoir changé d'avis. Elle a reçu une lettre de sa sœur qui a trop à faire avec ses propres enfants et ne voit personne à qui le « donner » à Taiwan. On le gardera donc !

Elle en profite pour me demander si je ne connais personne en Chine, et si je ne pourrais pas l'aider à envoyer Frédéric là-bas, dans un foyer pour jeunes, parce qu'il aime le président Mao !

Il aime le président Mao, cet enfant qui n'est jamais sorti de sa banlieue et qui ne sait rien de la Chine où il est n'a nulle attache ? Voilà qui est encore plus grotesque que l'histoire de la sœur de Taiwan ! Je réponds donc que je ne connais rien de ce genre en Chine, m'abstenant d'émettre des doutes quant à la réalisation de cette nouvelle idée folle. Miss Lai est apparemment tenace dans son idée de se débarrasser au moins de Frédéric et de Bernard, et si le compromis avec nous est déjà mieux que rien pour le jeune, le pauvre Frédéric a peu de chances de trouver preneur, lui qui approche de onze ans.

A cet instant arriva Song Tsuo qui était passé à l'école chercher Ben et Mathieu.

– Je comprends maintenant, dit-il, en me voyant, Bernard m'a dit : « Vite, vite, il y a l'autre maman qui est là ! » et je ne voyais pas ce qu'il voulait dire.

L'autre maman, c'était donc moi. Il faut que j'explique à nouveau que je suis la marraine. Marraine ou pas, Ben est tout content que je sois là. Il a mis sa petite main dans la mienne et nous nous sommes souri, complices. J'ai proposé aux Song de le prendre le week-end suivant, qui serait celui de son anniversaire. B..., ni Bernard ni Benjamin, allait avoir quatre ans et rien n'était bien net. Au moins aurait-il sa première fête d'anniversaire. Je lui ai demandé quel gâteau il voulait et il a répondu :

– Un gâteau au socolat. Y'aura des bouzies ?

– Oui mon Bichou, il y aura des bougies, quatre, et c'est toi qui les souffleras.

Octobre

Nous avons fêté l'anniversaire de Benjamin. Julien n'est pas là, retenu comme d'habitude par ses sempiternels amis, il n'a plus guère envie de s'occuper de Benjamin ces temps-ci, mais j'ai invité des enfants, Sophie, Fabien, Gaspard et quelques autres, et préparé le gâteau au socolat réclamé. Il y a des petites surprises pour tout le monde, les enfants sont contents comme tout, mais Ben se tient à l'écart de leurs jeux. Il reste planté devant son gâteau , paralysé et n'osant pas souffler ses quatre bougies. Il faudra les faire souffler à tous les enfants à tour de rôle pour réussir à le dérider.

Il est surtout content quand la fête est finie et que les autres enfants sont partis. Il grimpe sur mes genoux pour que je lui lise son cadeau *Histoire de Benjamin*, un grand livre d'images que j'ai trouvé depuis longtemps et que j'ai gardé pour ce jour-là. Il se glisse dans son lit et nous lisons ensemble, commentant chaque image.

– C'est moi ça ? c'est pas moi, c'est une 'tite souris, ce Benjamin.

Et voilà que la 'tite souris Benjamin souffle justement son gâteau d'anniversaire. Ben rit franchement, il trouve ça très drôle, une petite souris qui a le même nom que lui !

Le livre raconté, je profite de ce que l'atmosphère s'y prête pour tirer au clair l'histoire de « l'autre maman » qui me tracasse depuis la dernière fois que nous nous sommes vus. Je lui explique à nouveau que je ne suis pas sa maman, mais que je suis sa marraine. Une marraine, c'est justement fait pour aimer les enfants, et on peut faire avec une marraine des choses beaucoup plus drôles. Une marraine, on ne la voit pas tout le temps, mais quand on la voit, on s'amuse et on est bien. Une marraine, ça donne aussi des noms et moi je lui ai donné Benjamin. Il est Bernard-Benjamin, voilà tout. J'ajoute qu'une marraine, ça se choisit, et que je ne serais la sienne que s'il veut bien.

– Tu veux bien ?

– Oh ! oui, ze veux bien.

Cette fois, c'est le grand sourire.

– Alors bonne nuit maintenant mon Bichou. Tu dors vite et peut-être que tu vas rêver de la souris Benjamin. Demain, je t'emmènerai sur les poneys, au Luxembourg.

Il me regarde :

– Tu restes là un tit peu ?

Et je reste un tit peu. Ben s'endort très vite, dans un sommeil de bébé rond.

Nous avons adopté le rythme d'un week-end sur deux, qui me semble un espace raisonnable entre deux séjours chez nous, au moins pour l'instant, car j'attends toujours l'accord de la DDASS pour partir. Tant que je ne l'ai pas, tant que rien n'est sûr, il est inutile de parler de la petite sœur aux Song et encore moins à Benjamin. Je me suis promis par contre de le mettre au courant avant d'aller la chercher, pour qu'il ait le temps de s'habituer à l'idée, ce qui ne m'empêche pas de m'inquiéter de ce que sera sa réaction en voyant « sa chambre » transformée en nursery.

Fin octobre, nous allons dans la maison des bords de Seine où nous avions passé les vacances avec Frédérique, mais c'est un échec total. Les enfants de la maison sont là et Benjamin s'est sans doute senti exclu d'un endroit qu'il avait fait sien. Il est resté complètement muré, il a fait l'huître, fermé et replié sur lui-même tout l'après-midi, repoussant les avances des petits pour aller se planter sous un arbre le regard absent. Je vais le chercher, mais il détourne la tête et refuse de m'accompagner. J'insiste.

– Ze veux pas toi, me lance-t-il, ce que je reçois comme un coup de poing au creux de l'estomac.

Il ne me veut pas, il ne veut pas de cette vie-là, où le tricycle qu'il avait cet été est à un Adrien, où les autres ont des parents comme il faut, où... je l'embête. Il a quatre ans, tout le monde l'embête, c'est pourtant simple !

– Viens quand même, mon Bichou. On va goûter et puis on va rentrer à Paris.

Il n'a pas voulu goûter, il a boudé ferme jusqu'au

soir. Sur le chemin du retour il s'est mis à tousser. A force de rester immobile sous son arbre il avait sûrement pris froid. Je l'ai couché aussitôt que nous sommes arrivés et l'ai rendu le lendemain, un lundi froid et gris, à son père qui lui a serré la main comme à un étranger et lui a donné une barre de chocolat pour qu'il se tienne tranquille dans la voiture. Le petit grelotte de fièvre et je préférerais le garder au chaud, le soigner, le guérir, mais il a été convenu que nous ne l'aurions que les week-ends. Si je commence à montrer que je le garderais volontiers plus, les Song vont vouloir à nouveau me le laisser tout à fait.

Benjamin est parti sans presque me dire au revoir, rancunier et malheureux, malade et mal à l'aise. Un triste week-end, en somme.

Novembre

Il commence à faire froid et j'ai trouvé un beau manteau bleu pour Ben, doublé de rouge avec un capuchon. Ma sœur m'a donné une salopette en velours pour lui, le voilà paré pour l'hiver. Le week-end a été meilleur, en ce début de novembre et nous nous sommes bien amusés tous les deux. Nous avons découvert un nouveau jeu, Memory, qui consiste à faire des paires avec des petits carrés. Nous les mettons à l'envers sur le tapis, il s'agit de trouver la paire, celui qui en a le plus a gagné. Je fais un peu exprès de perdre, évidemment, mais Ben a une excellente mémoire et se souvient très bien du carré qu'il a repéré. C'est un week-end d'hiver, un week-end tapis. Nous goûtons avec du chocolat chaud et nous dînons tête à tête, Julien étant encore absent.

C'est Benjamin qui met la table.

– T'ici, les fourchettes, t'ici, les couteaux. T'ici les assiettes, t'ici les verres et ze veux la se'viette rouze.

Oui mon lapin, la voilà, la se'viette rouze.

Benjamin est reparti avec son manteau bleu et sa belle salopette, il ne prendra pas froid, ce sera déjà ça !

Un beau matin, arrive l'accord de la DDASS. Je ne me lasse pas de regarder cette lettre, pourtant laconique, qui reconnaît que nous sommes en accord avec les critères exigés et qu'on nous autorise à recueillir en vue de son adoption un enfant étranger. Moment d'excitation. J'appelle Julien, déjà parti au bureau et j'écris aussitôt à Yu Shan.

Je regarde la photo de la petite fille au tricycle, que je n'ose encore appeler mienne. Attends-moi, Clémentine, j'arrive. Je ne sais toujours pas très bien quel âge elle peut avoir mais elle a en tout cas moins de deux ans ; haute comme trois pommes et toute menue, c'est une toute petite fille. Quelle chance ! Il y a bien une chambre d'enfant, mais ce n'est pas du tout une chambre de bébé, vais-je avoir avant le départ le temps de préparer l'univers de ma fille ? Je réussis à trouver un billet pour début décembre, avec escale à Hong Kong où il faudra demander le visa taiwanais, et je réserve aussi un Taipei-Hong Kong-Paris pour enfant de moins de deux ans.

J'achète un petit lit d'enfant, je change le papier peint, j'achète au hasard de quoi habiller un bébé de dix-huit mois, Frédérique me donne un grand sac d'affaires trop petites pour Fabien, ma mère absolument ravie de l'arrivée de Clémentine et qui redoute un pépin de dernière minute, m'assure qu'elle trouvera tout ce qui pourrait faire défaut. Julien s'engage à construire un placard dans la chambre qui en manque cruellement et à la débarrasser des classeurs métalliques qui l'encombrent encore. Tout va bien, mais il me reste à prévenir Benjamin, à lui parler de Clémentine de telle manière qu'il ne soit pas trop jaloux, à lui faire comprendre aussi pourquoi il ne me verra pas quelque temps, Julien ayant dit clairement qu'il ne le prendrait pas pendant mon absence, lui qui s'étonne que je m'inquiète encore à ce point de Benjamin maintenant qu'il apparaît presque certain que nous allons avoir notre enfant. Pour ma part, je ne vois pas en quoi cela change quoi que ce soit à ce que nous avions dit. Nous aurons notre fille, certes, mais ce n'est pas pour cela que nous devrons laisser tomber notre filleul ! Il viendra à la maison tout comme auparavant, j'ai d'ailleurs pour cela laissé son lit dans la chambre de Clémentine, et quand nous pourrons, nous l'emmènerons en vacances aussi ; après tout, il n'a que deux où trois ans de plus qu'elle, ce sera comme une sorte de cousin, ils s'entendront sûrement bien si... si Ben n'est pas trop jaloux. Nous verrons avec le temps, mais il n'est pas question de le laisser tomber.

Benjamin vient donc pour un dernier week-end avant mon départ. Comme il fait beau, nous sommes quasiment tout le temps au Luxembourg, Ben ayant une passion pour les poneys, qu'il préfère nettement au manège. Ce n'est pas tant monter dessus qu'il aime, mais les caresser et les regarder. Je lui apprends à leur donner de petites pommes, la main bien à plat. Il découvre aussi les bulles et je le photographie longuement, avec son bonnet péruvien tout entouré d'une nuée de bulles, il est si joli que des promeneurs s'arrêtent pour le regarder.

Le soir — décidément, c'est à l'heure du coucher qu'ont lieu les grandes discussions — je lui parle de l'arrivée du bébé, le plus simplement possible. Je lui dis que je vais avoir un bébé, une petite fille et que je dois aller la chercher très très loin, c'est pour cela qu'il ne me verra pas pendant plusieurs semaines.

A mon retour il reviendra faire connaissance avec le bébé, et pourra m'aider à lui donner à manger, à lui mettre des couches, à la promener, parce qu'il est grand lui, tandis que la petite fille ne sera qu'un bébé, et qu'un grand garçon, c'est très précieux pour aider sa marraine. Ce n'est peut-être pas très convaincant, mais c'est dit. Comme d'habitude, Benjamin n'a rien répondu du tout. Il lui faut un temps pour digérer les choses, et c'est un peu abstrait, tout ça. Au moins se souviendra-t-il peut-être de notre conversation quand Clémentine sera là.

Le lendemain matin, je le ramène « là-bas ».

Miss Lai l'envoie comme toujours jouer dehors, et m'attire dans la cuisine, dont pour une fois elle a soin de fermer la porte, puis elle me dit sans ambages :

– Il faut me dire si vous prenez Bernard ou pas, parce que je vous préviens, je suis enceinte, moi ! Alors ceux-là, ils iront dans la rue.

J'ai un rire forcé. Elle ne va pas faire ça, voyons ! Julien a sûrement raison, elle essaie encore de me forcer la main, il faut tenir tête.

– Pourquoi en avoir un autre, quand vous n'aimez pas les enfants ?

– J'aime bien les enfants, répond miss Lai, mais ceux-là, quand je les vois, je pense toujours à leur mère, et je n'en veux pas.

Au moins c'est clairement dit !

Je lui répète alors que ce n'est pas que je ne veux pas de Bernard, c'est qu'il n'est pas adoptable, ce qui est très différent. J'ajoute que je pars pour Taiwan et que je venais justement l'en informer, qu'elle sache pourquoi Bernard ne pourrait pas venir chez nous pendant ce temps-là, mais qu'à mon retour nous recommencerions à le prendre en week-end, que je n'avais pas l'intention de cesser de m'en occuper parce que j'allais avoir un bébé, moi !

Miss Lai me regarde d'un air buté, visiblement déçue que je n'aie pas cédé.

Je suppose qu'elle sera bien obligée, comme la dernière fois, de faire contre mauvaise fortune bon cœur, car enfin, la faute à qui, si nous n'avons pas pu adopter Ben ? et qu'elle en aura pris son parti d'ici mon retour.

J'embrasse Ben bien fort et je m'en vais, étrangement mal à l'aise quand même. Juché sur le portail, Ben me regarde tourner au coin de la rue et agite la main.

Décembre

C'est l'inquiétude à nouveau au cœur que je suis partie à la rencontre de Clémentine. Julien m'a conduite à l'aéroport, non sans trouver moyen de me faire de grands reproches : ce n'était pas le moment de le quitter, quand il y avait le Salon de l'électronique à préparer ! pourquoi fallait-il toujours que je laisse tout tomber dès qu'il s'agissait d'enfants ? Il n'y avait donc que les enfants ? Et son affaire ? Qui allait me remplacer, quand on ne savait même pas combien de temps j'allais rester absente ? Je le laissais choir, c'était manifeste. D'abord Benjamin, ensuite Clémentine... On n'en sortirait donc jamais ?

Il m'a fait tant de reproches que je me suis tout

à coup demandé si c'était bien raisonnable de partir, non point à cause de la petite mais par rapport au couple étrange que nous formions ; nous étions en train de nous éloigner l'un de l'autre, était-ce effectivement vraiment le moment d'amener un enfant dans ce foyer qui flairait la rupture ? Nos divergences s'amplifiaient sans cesse. Si Julien était un homme fascinant, il n'était guère taillé dans le bois dont on fait les maris ni probablement dans celui dont on fait les pères. Lui qui avait traversé la vie de Benjamin comme un éclair, allait-il être plus présent pour Clémentine ?

Mais on ne recule pas au pied d'un avion quand vous attend de l'autre côté du monde une toute petite fille avec de grands yeux noirs et un ruban rouge sur la couette. L'égocentrisme de Julien ne suffisait pas à me faire renoncer, comment l'aurait-il pu ?

Je partis donc, personne ne m'en aurait empêchée.

Mon propos n'étant pas l'histoire de Clémentine, qu'il me suffise de dire ici combien furent éprouvantes ces semaines de tractations et de tracas, l'administration chinoise ne le cédant en rien à la nôtre, et combien j'ai tremblé à l'idée que surgisse un accroc de dernière minute, qui m'empêcherait de repartir avec elle, qui fut pourtant ma fille dès la première seconde...

Elle avait en fait treize mois, marchait à peine, parlait déjà et m'a ravi le cœur à l'instant même où on l'a posée dans mes bras.

Elle m'attendait bel et bien, cette toute petite fille qui dès le deuxième jour m'a appelée « mama », et hurlait quand je sortais happée par les démarches et tant désireuse de repartir au plus vite avec elle, que je faisais le siège des ministères pour accélérer le dossier.

La famille de Yu Shan, aussi hospitalière que nombreuse, nous avait prises en charge toutes deux et avait mis à notre disposition une chambre japonaise, bien des maisons ayant en effet gardé des traces des cinquante ans d'occupation japonaise de l'île. Nous dormions serrées l'une contre l'autre sur des tatamis, roulées en boule sous la même couverture ouatée couverte de grosses pivoines rouges, et chaque nuit me trouvait penchée sur ma petite et dévorée d'angoisse : il n'était pas possible qu'on me la reprenne, il n'était pas possible qu'on lui refuse un passeport, il n'était pas possible que sa famille se ravise... Toujours est-il que les démarches s'éternisaient, qu'il manquait toujours une autre autorisation, une autre intervention, une autre démarche. Personne n'arrivant à savoir de quelles instances dépendait l'acte local d'adoption, je fis un nombre de voyages incalculables entre la capitale et la bourgade d'où venait la petite, distante de quelque quatre cents kilomètres, accompagnée par Yu Shan dont l'amitié ne se démentit jamais et sans qui certainement je n'aurais jamais rien obtenu.

J'ai reporté cinq fois la date du départ, envoyé des cartes que je voulais rassurantes à Julien et à mes parents. Je m'efforçais de passer le plus de temps possible avec Clémentine en dehors de mes heures de démarches harassantes, de telle sorte que nous soyons vraiment mère et fille en partant.

Et puis, miracle, un matin Yu Shan m'a tendu un passeport vert. Nous sommes parties dès le lendemain. J'ai tenté vainement de prévenir Julien et envoyé un télégramme à mes parents. La partie n'était pas encore tout à fait gagnée ; il fallait s'arrêter à Hong Kong, demander un visa pour que Clémentine entre en France, Taiwan n'ayant pas de relations diplomatiques avec notre pays, ni à l'époque de représentation consulaire.

La famille de Yu Shan nous fit escorte jusqu'à l'aéroport et nous avons quitté Taiwan sans regret toutes les deux. Clémentine dans mes bras, j'avais l'impression d'avoir emporté mieux encore que le plus beau trésor du musée de Taipei, le plus extraordinaire au monde...

A Hong Kong où il fallut rester deux jours — deux jours de courses folles, du consulat de France où l'on me connaissait et où je n'eus aucun mal à avoir sur-le-champ un visa, puisque j'avais l'accord de la DDASS ; à la compagnie aérienne dont je faisais le siège pour avoir une place dans le prochain avion — nous attendaient Jill et Alex, amis anglais dont l'accueil fut si chaleureux que j'eus tout à coup le sentiment d'être sortie du tunnel. Ils avaient poussé la sollicitude jusqu'à emprunter un petit lit pour Clémentine. Comme elle n'en avait jamais vu et devait se sentir en cage, elle a hurlé tant et plus quand j'ai fait mine de l'y coucher, et je n'ai pas insisté, pensant qu'elle avait tout le temps de s'habituer à dormir ailleurs et autrement que sur un tatami.

Mi-janvier

Le voyage de retour sur des lignes italiennes fut éprouvant malgré la prévenance des hôtesses qui s'émerveillaient :

– Que bella Clémentina !

Nous sommes restées cinq heures en rade à Rome ; j'y ai échangé une paire de chaussettes de bébé contre une couche, ma provision étant épuisée, à une mère dont le petit garçon s'était vomi sur les pieds, et nous sommes enfin arrivées à Paris.

De l'autre côté nous attendait Julien et mes parents. Clémentine a absolument voulu descendre de sa poussette et s'est avancée, toute petite, toute rose dans l'absurde cape à capuchon bordée de fausse fourrure qu'on lui avait donnée à Taipei ; sans crainte aucune, elle a marché vers eux et vers sa nouvelle vie.

Julien est infiniment plus séduit par Clémentine que par Benjamin. Il s'extasie sans arrêt et ne se souvient apparemment pas du tout de ce qu'il m'avait dit en me conduisant à l'aéroport. Il faut dire qu'entre-temps, le Salon de l'électronique a eu lieu, et que mon absence n'y a rien changé ! Il avait préparé la chambre de la petite, mis des draps dans le lit, des cintres dans le placard et un grand carton de couches au milieu de la pièce. Clémentine découvre son domaine, avec de très nettes réticences pour le lit ! il me faudra ruser : le lit a des roulettes, elle s'y endort dans notre chambre et je roule le petit lit dans la sienne, pour qu'elle s'habitue à s'y réveiller.

Julien ne se lasse pas de répéter la chance que nous avons d'avoir une fille aussi mignonne, et d'insister sur le fait que nous n'aurons pas d'ennuis avec elle, comme nous en aurions eu avec Benjamin, puisqu'elle est à nous et à personne d'autre. Il insiste pour que je reprenne mon travail tout de suite, tout s'est désorganisé au bureau pendant mon absence, je suis partie assez longtemps comme ça. Il a retenu une jeune Taiwanaise pour garder la petite le temps que nous trouvions une solution. Meili est douce et gentille. Clémentine s'entend bien avec elle. Je reprends donc mon travail mais je ne vois pas le temps passer. Les journées sont épuisantes, toute la famille accourt le soir pour faire connaissance avec ma fille et nous allons de dîner en dîner ; les nuits sont difficiles car Clémentine se réveille souvent en hurlant, tous ces changemens l'ayant certainement perturbée plus qu'il n'y paraît.

Au bout de trois semaines, Julien est revenu de son étonnement d'avoir une fille et sa présence est devenue si naturelle qu'il n'y fait plus guère attention. Il recommence à disparaître après le dîner, quand il rentre dîner ! Il a même un soir cette petite phrase incroyable :

– Je peux bien sortir maintenant, tu n'es plus toute seule puisque tu as Clémentine !

Comme si une enfant de quatorze mois remplaçait un mari !

Camille est née à l'hôpital tout proche de chez nous, et Frédérique et moi nous sommes présenté nos filles dans le hall, les enfants n'ayant pas le droit d'entrer dans les chambres. Nous sommes aussi contentes l'une que l'autre de nos maternités différentes, chère Frédérique dont la fille a tout juste l'âge de la présence en France de la mienne.

Nous discutons garde d'enfants. Frédérique me conseille la crèche, où Clémentine serait dans un milieu à son échelle et aurait des amis. Je souscris d'autant plus à cette idée que Meili nous coûte fort cher et n'aide en rien Clémentine à se faire au français. La crèche aiderait sûrement la petite à s'intégrer plus vite et lui permettrait de jouer avec des enfants de son âge, ce qui me semble essentiel pour son développement. Frédérique a certainement raison, il faudrait mettre ma fille à la crèche, mais c'est facile à dire quand à Paris les places en crèche sont rarissimes !

Dès le lendemain, je commence à téléphoner à toutes les crèches du quartier, pour obtenir partout le même résultat. Quand on ne me rit pas franchement au nez, on me conseille de réserver pour l'année suivante, au cas où une défection se produirait, à la suite d'un déménagement. Il est paraît-il habituel à Paris de réserver la place de crèche à peu près au moment où l'on découvre sa grossesse ; un enfant de quinze mois n'a donc pratiquement aucune chance d'être intégré, comme je le découvre avec stupéfaction.

J'ai appris à ne pas céder si facilement à l'obstacle, comme je l'ai dit plus haut. Je ne me tiens donc pas pour battue et décide simplement d'élargir le champ de mes investigations. Puisque les crèches sont pleines à craquer dans mon quartier, il faut essayer plus loin, et pourquoi pas près du bureau ? Les quartiers d'affaires sont censés être moins peuplés... Ce qui explique pourquoi il y a si peu de crèches par là ! Il n'y a en fait que deux crèches dans tout l'arrondissement, la première étant aussi la plus proche du bureau.

Fataliste, pensant qu'on va encore me rire au nez, je téléphone quand même. Surprise ! la directrice de la crèche a pris la communication, m'écoute longuement et miracle, me demande de venir inscrire ma fille le plus vite possible, pour le cas où elle pourrait s'arranger, au moins pour un mi-temps, pour commencer.

Nous sommes restées vingt minutes au téléphone, alors qu'ailleurs on m'avait envoyée bouler en trois secondes ; la chose est déjà suffisamment étonnante pour que je le remarque aussitôt. Le ton chaleureux, la manière intelligente dont les questions me sont posées, la voix agréable, tout me donne envie de faire connaissance avec mon interlocutrice. Je suis si attirée par elle que j'en ai déduit que sa crèche ne pourra qu'être bénéfique pour ma fille. Comme ce serait bien, si on pouvait y faire une petite place pour Clémentine...

Début février

Je suis allée à la crèche du Soleil et je n'ai pas été déçue. Comme sa voix fraîche le laissait supposer, Mme Mazamet, la directrice avec qui j'avais sympathisé au téléphone, est jeune et aimable. Elle a un visage régulier, des yeux très vifs et un sourire auquel ne résistent ni les petits ni les parents. Mme Mazamet s'est arrangée pour prendre Clémentine à mi-temps. J'ai découvert par la suite qu'elle « s'arrangeait » toujours quand elle sentait les gens en difficulté.

– Quand la vie est difficile pour les parents, disait-elle, autant que l'enfant soit dans une atmosphère sereine à la crèche !

Je n'en reviens pas de notre chance.

La crèche est tout en haut d'un vieil immeuble et abrite une soixantaine d'enfants, depuis les nouveau-nés jusqu'aux grands de trois ans. Clémentine entrera dans la section des douze-dix-huit mois, mais les enfants changent de groupe selon leurs aptitudes et non selon leur âge, ce que j'ai trouvé très astucieux.

Mme Mazamet a suggéré que je reste avec ma fille les deux premiers jours, pour faciliter son adaptation. L'idée m'a bien plu. Enfin une crèche où l'on demande la participation des parents ! J'ai visité toute la maison, rencontré tout le personnel et suis partie enthousiasmée.

Je passe donc deux jours à la crèche avec ma fille ; nous découvrons ensemble le rythme de la journée, les jeux, les siestes, le bain – les enfants sont rendus propres comme des sous neufs aux parents – et surtout les petits amis. Il y a là, quelle chance, des enfants de tous les horizons et chez qui on parle toutes les langues.

Mme Mazamet me plaît décidément beaucoup et Clémentine a fait sa conquête aussitôt.

Au matin du troisième jour, je laisse Clémentine aux mains de Jenny, qui calme ses pleurs dès que j'ai le dos tourné. Au bout d'une semaine, elle ne pleure plus du tout, mais me fait la tête quand je viens la chercher. Sur les conseils de Mme Mazamet, je ne la laisse d'abord que l'après-midi, mais à partir de fin mars, la petite sera suffisamment habituée pour être tout à fait intégrée.

En attendant, je jongle un peu entre le bureau et la maison, relayée par la douce Meili. Julien, heureusement, m'épargne un trajet en me déposant le matin à la crèche avec Clémentine et en acceptant sans trop grogner que j'arrive en retard au bureau.

La vie quotidienne commence à mieux s'organiser grâce à la crèche et je me félicite d'avoir suivi le conseil de Frédérique.

Si les journées sont bien remplies et les nuits toujours fatigantes, je commence à y voir plus clair, je m'habitue tant à ma fille et je n'arrive pas à me souvenir d'avoir vécu sans elle, ni d'avoir manqué sa toute petite enfance. Il est évident qu'elle a trouvé sa place, nous sommes tellement l'une à l'autre que c'en est merveilleux. De temps en temps me prend le soir en la regardant dormir le souvenir de nos nuits-tatamis, qui me semblent si loin que je crois les avoir rêvées.

Mi-février

Voilà déjà un mois que nous sommes rentrées. Clémentine est bien ancrée dans sa petite existence, n'est-il pas temps de se souvenir de Benjamin ? J'ai évité jusqu'ici d'aborder le problème avec Julien qui s'est bien gardé de m'en parler, tant il souhaite obscurément que j'oublie Benjamin.

Pas un instant, je n'ai oublié Benjamin. J'y ai souvent pensé à Taiwan, espérant que tout allait bien pour lui, me réjouissant de le retrouver bientôt, tout en m'inquiétant de sa jalousie envers Clémentine. Il n'allait pas être facile de lui faire accepter la présence de ma petite fille, lui qui était si exclusif !

Non, pas un instant je n'ai oublié Benjamin, mais il fallait d'abord installer Clémentine et qu'elle se sente bien chez elle, avant de songer à inviter un autre enfant en week-end à la maison. D'autre part, j'étais aussi débordée. Benjamin était si accaparant que je ne pouvais envisager aussitôt de l'avoir un week-end entier tout en m'occupant de ma petite.

Un week-end entier, c'était encore trop tôt, mais lui rendre visite, par contre je pouvais certainement l'envisager. Un samedi après-midi, j'aborde donc la question avec mon mari. Peut-il m'emmener voir Benjamin ? Julien n'en a pas très envie, mais il préfère encore aller là-bas que de l'avoir un week-end à la maison, il acquiesce donc, sans grand empressement. Nous allons d'abord chez ma sœur déposer Clémentine qui pourra jouer avec ses cousins Gaspard et Clara. Il est bien trop tôt pour qu'elle fasse connaissance avec Benjamin, et mieux vaudrait que la rencontre ait lieu chez nous et non « là-bas ».

Ma sœur nous offre un café. Julien pense subitement qu'il vaudrait mieux prévenir les Song de notre visite, on n'est pas forcément chez soi un samedi après-midi, ce serait plus raisonnable de leur téléphoner !

Julien appelle Song Tsuo, mais c'est miss Lai qu'il a au bout du fil. A en juger par sa mine stupéfaite, quelque chose ne colle pas. Il raccroche et me regarde, sans voix.

– Mais parle, enfin ! Que se passe-t-il ?

– Il se passe que Benjamin n'est plus chez eux.

– Comment ça, il n'est plus chez eux ?

– Ils l'ont mis à l'Assistance...

– Quoi ?

– Je ne sais pas, moi, c'est miss Lai qui dit ça, appelle toi-même si tu ne me crois pas.

Je m'écroule sur le canapé. Je regarde Julien et ma sœur, la tête me tourne. Ils l'ont fait ! Ils ont mis Ben à l'Assistance ! Et moi qui n'avais pas pris les menaces de cette garce au sérieux ! Elle est réussie la tactique du Go, on peut le dire ! Ben à l'Assistance...

Mais d'abord, où est-il ? Il faut rappeler pour le savoir. Je téléphone moi-même cette fois-ci. Miss Lai me répète la même chose. Non, les enfants ne sont plus là, ils sont partis tous les trois. Oui, il est possible d'aller les voir, mais il faut une permission. Ils sont à Clamart dans un foyer de transit de la DDASS dont elle me donne le numéro sans se faire prier.

Je raccroche et je regarde Julien .

– Nous n'allons pas le laisser là-bas, n'est-ce pas Julien ? Il faut le prendre... Il faut aller le chercher... Il faut...

La réponse de Julien est claire et immédiate.

– Pas question. Il n'en est pas question ! Tu ne vas pas recommencer ! S'il est à la DDASS, il est pris en charge, il est mieux que chez les Song. La DDASS lui trouvera une famille, c'est son rôle. Nous, nous avons Clémentine, ça devrait te suffire, non ? Tu y penses, à ta fille ?

Evidemment que j'y pense à ma fille. Mais de là à laisser Ben à l'Assistance !

J'ignore Julien et je compose le numéro du centre d'accueil où est mon Benjamin.

Suspicion légitime à l'autre bout du fil. Il me faut expliquer que je suis la marraine de Bernard Song, que j'étais à l'étranger et viens d'apprendre qu'il est à Clamart. Comme faire pour obtenir un permis de visite ? La voix se radoucit, et me conseille de téléphoner à Mlle Pommier, l'inspecteur de l'aide à l'enfance à Nanterre, dont dépend le centre d'accueil de Clamart, et d'aller la voir. Avec son accord, aucun problème pour rendre visite à l'enfant.

– Voulez-vous lui parler ? ajoute la voix. Je vais le chercher, il n'est pas loin.

Deux minutes après, je peux entendre :

– Tiens Bernard, c'est ta marraine au téléphone, dis-lui bonjour.

Je parle à Benjamin, je lui dis que je viens de revenir et que j'étais très loin, que je vais venir le voir et lui apporter des surprises.

Il ne dit pas un mot.

Rien.

La voix reprend l'appareil pour me dire :

– Il n'est pas bavard, celui-là, vous savez. Mais venez le voir si vous pouvez, il n'a pas eu une seule visite depuis qu'il est là.

Je remercie et je raccroche, bouleversée.

Julien a sa figure des jours d'orage et ma sœur est consternée. Mieux vaut rentrer chez nous, tenter d'examiner posément la situation.

Mais à peine sommes-nous rentrés que Julien se sauve, arguant du fait qu'il a du travail au bureau, puisque l'expédition chez les Song est annulée, il va en profiter pour rattraper le temps perdu. Il ajoute d'un ton péremptoire qu'il n'y a rien à discuter, il ne reprendra pas Benjamin.

– C'est lui ou moi ! lance-t-il avant de claquer la porte.

Je prends Clémentine et m'installe sur le lit avec elle et ses jouets.

– Qu'allons-nous faire, d'après toi, ma Titoune ?

Mais le problème de ma Titoune, c'est son gros Lego qui ne veut pas s'emboîter, ce n'est pas de savoir s'il faut échanger un papa contre un grand frère...

L'angoisse me reprend à nouveau. Je ne sais plus quoi faire du tout. Laisser Benjamin là-bas, pas question. Ne pas savoir ce qu'il deviendra, le laisser grandir dans une manière d'orphelinat – bien rares sont ceux qui adoptent des enfants de plus de quatre ans, en France – l'oublier purement et simplement parce que j'ai déjà un enfant et nul besoin de m'encombrer de celui-là, comment Julien peut-il oser proposer ça ? Pouvoir se regarder dans la glace sans avoir honte de soi, n'est-ce pas primordial pour lui ? Ou n'avons-nous pas les mêmes notions de l'honneur ? Laisser tomber Ben, qui me disait :

– Ze veux rentrer à la maison ?

Impossible.

Mais si Julien n'en veut pas, s'il s'en tient à son « lui ou moi », cela veut dire une rupture à brève échéance, et que je me retrouve seule, sans travail avec deux enfants aussi exclusifs l'un que l'autre.

Clémentine vient à peine d'arriver et de s'intégrer à la crèche, je ne peux pas lui donner un frère en ce moment, et surtout pas un frère plus âgé, aussi jaloux que perturbé... D'un autre côté la DDASS ne me le donnera pas, si elle sait que je suis au bord du divorce....

Je tourne en rond. Que faire ? Rien avant d'avoir été à Nanterre et d'avoir appris exactement la situation de Ben et ce qu'envisage la DDASS à son égard. Tant pis pour ce qu'en dira Julien, j'irai en tout cas à Nanterre voir Mlle Pommier, qui est responsable du dossier Bernard Song.

Vers 8 heures du soir, Julien m'appelle pour me prévenir qu'il va dîner avec un ami et restera coucher au bureau « pour être sur place demain matin ».

Voilà qui tombe assez bien, je n'en ai guère envie dans mon lit, juste aujourd'hui...

Je téléphone à Frédérique pour lui faire part de mon désarroi. Elle me conseille de faire preuve de la plus grande prudence, et d'attendre effectivement l'opinion de Mlle Pommier avant de prendre une quelconque décision. Elle me propose, si je vais à Clamart, le samedi suivant, de lui laisser Clémentine au cas où Julien sortirait. Elle gardera ma fille avec Fabien et Camille, et je serai plus tranquille.

Merci, Frédérique.

Dimanche, il neige. J'emmène Titoune au Luxembourg, qui découvre la neige avec tout l'émerveillement dont on est capable à quinze mois... Je la photographie avec son petit manteau à brandebourgs et à capuchon, elle est trop jolie. Heureusement que je t'ai, ma chérie.

Lundi matin

Julien a eu beau protester, j'ai pris la mobylette des livraisons pour aller à Nanterre où m'attend Mlle Pommier à qui j'ai téléphoné aussitôt arrivée au bureau.

Tout au long du trajet qui est interminable, je pense à Benjamin que j'imagine dans une grande bâtisse grise et sinistre, perdu dans un grand dortoir ; Ben qui n'a pas voulu me dire un mot au téléphone, Ben que je n'ai pas vu depuis le mois de novembre, et qui doit croire que je l'ai abandonné, moi aussi...

Qu'il est long et froid, ce trajet jusqu'à Nanterre avec cette mobylette qui n'avance pas !

Mlle Pommier me reçoit dès mon arrivée. Ce n'est pas du tout la personne grincheuse que j'imaginais, mais une charmante jeune femme blonde qui s'intéresse visiblement aux cas des enfants dont elle a la charge.

Elle me demande d'abord quels sont mes rapports avec l'enfant, et je les lui explique le plus simplement possible. Elle m'écoute attentivement puis me dit :

– Dans ces conditions, il n'y a aucun obstacle à ce que vous rendiez visite à Bernard, mais à lui seulement. Mathieu est au même endroit, mais leurs situations administratives sont différentes, je vous l'expliquerai tout à l'heure. Frédéric est dans un foyer pour enfants plus âgés. Je vais donc vous octroyer un permis de visite hebdomadaire, qu'il vous suffira de présenter au centre d'accueil de Clamart. Comme son nom l'indique, ce n'est qu'un foyer de transit, et Bernard n'y restera que le temps que nous ayons trouvé pour lui, comme pour tous les enfants dont nous avons la charge, la meilleure solution. Il faut que vous sachiez que son père a signé dès son arrivée, il y a environ un mois, une renonciation en faveur de l'Etat, qui rend Bernard virtuellement adoptable. Il a accompli la même démarche pour Frédéric, mais pas pour Mathieu, qui n'est donc que temporairement avec nous, mais qu'il souhaite reprendre avec lui par la suite.

– Mais comment ont-ils échoué là ? Qui a fait la démarche ? Est-ce que c'est miss Lai qui...

– La famille Song avait déjà été signalée par l'assistante sociale de son quartier, mais la directrice de l'école où allaient les enfants nous a alertés. Voyez-vous les enfants rentraient le soir dans une maison vide et personne ne leur faisait à dîner. Frédéric faisait des nouilles de temps en temps et les parents laissaient des paquets de chips, mais les enfants avaient rarement un vrai dîner. Le matin, ils partaient pour l'école le ventre vide, les parents n'étant pas levés. Le ventre vide, et habillés n'importe comment, puisque c'est Frédéric qui s'occupait de ses frères et les conduisait à l'école. A midi, à la cantine, les enfants Song dévoraient d'une telle manière que cela a paru suspect aux femmes de service, qui l'ont signalé à la directrice. Par ailleurs, les voisins se sont plaints d'avoir entendu des cris, il semble qu'on les battait à coups de ceinture. Une de nos assistantes est donc allée trouver les parents, et leur a expliqué nettement qu'il valait mieux pour tout le monde qu'ils conduisent eux-mêmes leurs enfants à Nanterre, qu'il serait mieux d'éviter qu'on vienne les chercher de force. Ils ne se sont pas fait prier, les enfants sont arrivés deux jours après. C'est moi-même qui ai conduit Bernard à Clamart. Il était sur mes genoux. Il est bien mignon, cet enfant.

Mlle Pommier continue :

– Nous recherchons justement sa mère, peut-être pourriez-vous m'aider ? Je ne peux prendre une décision avant de l'avoir rencontrée, mais Song Tsuo prétend ignorer où elle se trouve.

Je donne à Mlle Pommier tous les numéros de téléphone où l'on serait susceptible de trouver la Mère, et j'ajoute qu'elle est si désemparée qu'elle est incapable de prendre une décision, sans pour cela vouloir reprendre Bernard. Frédéric, peut-être, mais Bernard sûrement pas.

– Nous avons l'habitude de traiter avec ce genre de personne, me rassure Mlle Pommier, et nous allons lui faire expliquer que la renonciation qu'a signée son mari rend de toute façon l'enfant adoptable au bout d'un an, si elle ne se manifeste pas pendant cette période. D'autre part, si elle fait mine de reprendre l'enfant, nous pouvons aussi l'aider en ce sens. Il y a des foyers spéciaux pour les femmes en difficulté avec de jeunes enfants, mais il faut qu'elle en ait envie. Dans tous les cas, il faudra qu'elle prenne une décision et nous l'aiderons à la prendre, dans l'intérêt des enfants. Quant à vous, il est un peu tôt pour savoir s'il convient que vous preniez Bernard chez vous, à quelque titre que ce soit, car le nourriciat peut-être envisageable ; il pourrait être placé chez vous par la DDASS, en vue d'adoption ou non. Commencez par aller le voir et reprenez contact avec moi la semaine prochaine. J'aurai eu des nouvelles de la Mère et interrogé le centre de Clamart pour savoir comment Bernard a réagi à votre visite.

Je remercie Mlle Pommier de la compétence et de la gentillesse avec laquelle elle envisage de régler l'affaire.

– Si vous saviez, me dit-elle avec un soupir, combien d'histoires aussi sordides que celles-ci nous avons à traiter par semaine... Bernard Song a au moins la chance de vous avoir, tant d'enfants n'intéressent personne...

Je quitte Nanterre presque rassérénée. Mlle Pommier m'a fait la meilleure des impressions. Si le sort de Ben est entre ses mains, la situation va se clarifier. Ou la Mère le prendra, et dans ce cas-là, je continuerai à m'en occuper comme je l'aurais fait s'il était resté chez les Song Tsuo, ou j'arriverai à convaincre Julien que, plutôt que d'être placé par la DDASS, autant que Ben soit placé chez nous... Je ne crois guère à cette dernière éventualité, mais on peut toujours l'envisager ! En attendant, j'emporte comme un butin l'autorisation de rendre visite au mineur Bernard Song, au centre d'accueil de Clamart. J'irai dès samedi, c'est déjà une bonne chose !

La semaine a passé comme l'éclair. Bureau, maison, crèche m'ont tenue suffisamment occupée pour ne point me laisser trop le temps de me ronger. Julien a pris le parti de ne me poser aucune question, d'ignorer intégralement le problème. Il n'a pas demandé ce qui s'était passé à Nanterre, et reste au bureau le plus tard possible chaque soir, quand il n'y couche pas « pour être sur place le lendemain » comme il le dit.

Cette semaine-là, j'ai téléphoné chaque jour ou presque à Ben, sinon pour lui parler, du moins pour qu'il sache que je me soucie de lui. Je lui ai envoyé de petites cartes et des livres d'images. J'ai aussi demandé à la puéricultrice qui s'en occupe de quoi il avait besoin, et appris à cette occasion qu'il était arrivé à Clamart sans aucun vêtement de rechange, miss Lai ayant tout simplement gardé pour son futur bébé tous les habits que j'avais achetés à Ben. Ulcérée, j'ai aussitôt demandé s'il fallait que je lui en apporte d'autres, mais la puéricultrice a dit que c'était inutile. Tous les enfants sont en effets habillés par le foyer, afin de ne pas créer de différence entre eux. Elle m'a plutôt conseillé de lui apporter une peluche, il est le seul à ne pas en avoir dans son lit.

Miss Lai a même gardé Toudou, le petit ours de Benjamin... Ecœurée, je suis allée acheter un lapin en peluche, marron à grandes oreilles avec deux boutons de bottine en guise d'yeux.

Samedi

Après avoir déposé ma Clémentine chez Frédérique — comme nous l'avions supposé, Julien n'a pas pu ou pas voulu se rendre libre pour la garder cet après-midi — je suis allée prendre le train pour Clamart trop éloigné pour que j'y aille en mobylette, non sans avoir vérifié vingt fois que j'avais bien la précieuse autorisation de visite.

Le centre d'accueil est au centre de la bourgade, à vingt minutes à pied de la gare de Clamart.

A l'entrée, je remets ma précieuse autorisation et signe le registre des visites.

— Vous êtes venue un peu trop tôt, me dit la gardienne, les Pinsons font encore la sieste.

Devant ma mine surprise, elle explique :

— Les enfants sont répartis par tranche d'âge dans différents pavillons, qui portent tous des noms d'oiseaux. Les quatre-six ans sont aux Pinsons, les sept-neuf ans sont aux Colibris et ainsi de suite. Bernard Song est aux Pinsons, puisqu'il a quatre ans.

— Comment y va-t-on, aux Pinsons ?

— Vous avancez tout droit, vous contournez les Colibris, c'est en face de la pouponnière. Vous n'avez qu'à y aller quand même, si Bernard n'est pas réveillé, vous pourrez toujours discuter avec la puéricultrice.

Les bâtiments sont modernes et assez gais, cela n'a rien à voir avec la bâtisse grise et sinistre que j'avais imaginée. A l'entrée des Pinsons, une série de petits portemanteaux attend dans le hall, chacun surmonté d'un légume ou d'un fruit différent en bois peint afin que les petits propriétaires reconnaissent chacun le leur. Une jeune fille s'avance vers moi et demande à qui je viens rendre visite.

– A Bernard Song, c'est mon filleul.

– Je crois qu'il vient de se réveiller, je vais aller vous le chercher.

J'attends très peu. La jeune fille descend l'escalier tenant Benjamin par la main, l'air à peine réveillé et tout ébouriffé. C'est bien lui, mais comme il a changé ! Il a repris son air de chat mouillé de l'an dernier, il est tout rond à nouveau et ne regarde plus devant lui. Il va falloir recommencer à l'apprivoiser.

Je l'embrasse, je l'emporte, qu'il est lourd ! Il se blottit sur mes genoux, sans un mot, sans rien dire. Nous restons dix bonnes minutes ainsi. Il m'a bien reconnue, mais l'exubérance est partie. Je lui demande s'il a reçu mes lettres et mes paquets. Il hoche la tête. Je lui demande s'il veut voir les surprises que j'ai apportées. Il hoche à nouveau la tête. Il prend les petites voitures, une dans chaque main et les serre en me jetant de petits coups d'œil furtifs, comme autrefois. Il y a aussi un grand sac de bonbons, à distribuer à tout le monde.

– Si nous allions mettre le lapin sur ton lit ? Tu veux bien me montrer ta chambre ?

Cette fois, Ben est content de l'idée. Il descend de mes genoux, me prend par la main et m'emmène en haut sans que la puéricultrice ne fasse aucune objection. Au contraire, elle nous rejoint peu après pour me montrer le reste de l'installation.

Les enfants sont répartis par chambrée de trois, les pièces sont décorées d'images, l'ensemble est trés agréable et me fait une très bonne impression. Le lit de Benjamin était effectivement le seul à n'avoir pas de peluche, le lapin trouve donc emploi immédiatement. Ben me fait visiter la pièce réservée aux vêtements des enfants. Chaque pensionnaire des Pinsons a sa rangée, avec un trousseau complet, fourni par l'administration. Les tenues sont similaires, mais pas d'uniformes, pour que chaque enfant puisse garder sa personnalité. Le placard est impeccablement rangé !

Nous continuons à faire le tour de la maison. Ben, qui a retrouvé la parole, m'explique :

– T'ici, la cuisine. T'ici, on fait la vaisselle. T'ici, on mange.

Et à l'entrée, dans le bureau du responsable du pavillon :

– T'ici, on garde les lettres.

Il me sort tout fièrement une boîte à chaussures en carton, étiquetée Bernard Song, et dans laquelle sont soigneusement rangées toutes les cartes que je lui ai envoyées.

Le responsable qui arrive à cet instant me dit :

– C'est très important le courrier, vous savez. Bernard a été très content de vos cartes, il était un des seuls à n'en avoir jamais reçu. N'est-ce pas Bernard que tu aimes bien recevoir du courrier ?

Ben se dandine et regarde ses pieds, mais il me fait quand même un petit sourire en coin, je sens notre vieille complicité renaître.

A cet instant, un appel se fait entendre :

– Les Pinsons ! Goûter !

Un chariot-goûter fait le tour des bâtiments pour distribuer pains au chocolat et jus d'orange. Une meute d'enfants-pinsons surgit, pour recevoir chacun son dû.

Entre-temps, des parents sont arrivés, mais certains petits n'ont manifestement aucune visite à attendre. Un petit blond, trois ans peut-être, à peine quatre ans, s'approche de moi, en manque évident de câlins. Je le cajole un peu, il se sauve. Cinq minutes après il revient et me dit :

– Encore un câlin, madame !

Cette petite phrase résume toute la détresse de ces enfants. Aussi gai soit-il, aussi efficaces et gentilles que soient les puéricultrices, aucun centre d'accueil ne permettra de donner à chacun la dose de câlinerie dont il a besoin.

« Encore un câlin, madame », a dit le petit blond, et je donne le câlin. Benjamin n'est pas d'accord du tout, et sa mine tout à coup furieuse traduit bien ce qu'il pense :

– Va-t'en, petit blond ! c'est ma marraine, c'est pour moi, les câlins.

Si je n'y prenais garde, petit blond aurait facilement reçu un coup de pied.

Petit blond s'éloigne et va se faire cajoler par la jeune fille qui m'a accueillie tout à l'heure.

Ben se réinstalle en conquérant sur mes genoux, pour éviter qu'un autre ne vienne lui prendre la place, sait-on jamais ? Une petite fille pérore devant une cour attentive. Elle a environ six ans, de grands yeux sombres et une bouche volontaire, elle affirme : « Maman va venir me chercher lundi, mais vous, vous resterez tous ici ! »

Pauvre gosse, je l'ai entendue répéter la même chose chaque fois que je suis venue voir Ben, mais « maman » n'est jamais venue la chercher lundi, « maman » avait manifestement disparu dans la nature...

Après le goûter, j'ai lu un livre à Ben et nous avons joué sur le perron avec ses petites voitures. Puis il a fallu partir, le trajet du retour est long. Je dois encore aller chercher Clémentine chez Frédérique.

J'embrasse Ben et lui dis que je reviendrai le samedi suivant.

– Compte sur tes doigts, mon Ben, lui dis-je comme autrefois. Compte sur tes doigts, et ce sera vite samedi, tu verras.

Après un dernier bisou, je m'en vais. Benjamin s'est réfugié sur les genoux de la jeune fille et m'ignore. Je m'en vais comme une voleuse l'âme en peine.

Début mars

Comme convenu, j'ai téléphoné à Mlle Pommier, qui de son côté a eu un appel de la puéricultrice qui lui a rapporté que Bernard Song avait l'air de m'être très attaché. Cette histoire la tracasse beaucoup, mais elle a réussi à avoir un rendez-vous avec la Mère, qu'elle doit rencontrer dans la semaine avec une de ses amies, qui s'est proposée comme traductrice, puisque la Mère ne parle quasiment pas français. Elle me propose de continuer à voir le petit, et de réfléchir de mon côté pour lui dire si j'envisage de prendre Ben à la maison, au cas où la Mère signerait aussi une renonciation. Si tel était le cas, ajoute-t-elle, il faudrait se décider rapidement car l'enfant serait immédiatement adoptable. Son dossier passerait devant la commission départementale *ad hoc* et il serait placé en vue d'adoption dans une famille. Il va de soi qu'ayant déjà un accord de la DDASS et des liens établis avec l'enfant, nous aurions priorité. Oui, mais... Julien ne sera jamais d'accord, cela devient de plus en plus évident. Il ne m'a même pas demandé comment allait Benjamin. Ben n'existe plus pour lui, dirait-on.

La semaine se passe en interrogations. Ce n'est pas d'un foyer qui se désagrégerait à cause de lui – encore qu'il se désagrège de toute façon ! – que Ben a besoin, mais de stabilité, de soins et de patience. Qu'il soit donné en adoption, si la Mère y consent, serait encore possible, mais Mlle Pommier a été formelle : je n'aurai pas communication de l'adresse des nouveaux parents, tous les liens avec le passé seront coupés comme il se doit. Faudra-t-il donc que je passe les prochaines années à me tourmenter à son sujet ? Bien sûr, les candidats à l'adoption ne sont pas des bourreaux d'enfants, mais ne jamais savoir... Je n'ai pas la faculté de Julien d'oublier ce qui me dérange. Ne jamais savoir et s'en faire le reproche, voilà qui est dur à assumer...

Je demande à Frédérique et à Cécile ce qu'elles en pensent, elles ont à peu près la même réaction :

– Attends de savoir ce que va faire la Mère, tu prendras ta décision en fonction de cela. Va toujours le voir pour l'instant, si tes visites vous font du bien à tous les deux...

Et c'est le parti que j'adopte. Chères Frédérique et Cécile, se sont-elles jamais rendu compte de ce qu'elles étaient pour moi, dans ces heures si difficiles ?

Ma Clémentine s'adapte de plus en plus. Elle a grandi et pris du poids, elle qui était si menue que les gens s'étonnaient de l'entendre parler. Les nuits sont un peu meilleures, mais le coucher reste un problème. Elle n'aime vraiment pas son lit. Je crois avoir tourné la difficulté en enlevant un des panneaux, ce qui lui permet de monter et descendre du lit à volonté. Elle s'y couche plus volontiers, pour se relever aussitôt la cérémonie du coucher achevée ! Il n'y a plus qu'à tout recommencer.

J'ai pris l'habitude à la crèche d'aller discuter avec Mme Mazamet, ce qui n'est pas toujours facile car elle est très sollicitée. Je lui demande conseil, pour les nuits de Clémentine, pour les vers énormes énormes que j'ai un soir trouvés dans ses couches, pour les vaccins, pour les jeux qu'elle recommande, pour tout et n'importe quoi, pour le plaisir de converser avec elle. J'ai appris qu'elle s'appelait Chloé, Mme Mazamet, et n'avait pas d'enfant.

Un soir plus calme que les autres, elle se met justement à me poser des questions. Comment ai-je fait, pour Clémentine ? Est-ce plus facile que d'adopter en Inde ? Elle m'explique qu'elle et son mari ont souvent pensé à la chose, mais manquent un peu de renseignements pour une adoption à l'étranger. Ils ont un dossier de la DDASS tout prêt, mais on n'a aucun bébé à leur confier, l'attente en France est si longue... Je lui parle de mon neveu Gaspard et lui montre une photo. Un peu plus âgé que Clémentine, Gaspard est un très bel enfant, vif et intelligent. Je donne à Chloé Mazamet les coordonnées de l'institut dont il vient, tout en lui signalant que les formalités en Inde sont longues et compliquées, et qu'il faudra s'armer de patience. Peut-être pourrait-elle essayer dans plusieurs instituts simultanément ? Cela me semble moins hasardeux quand on n'a pas d'attaches réelles dans le pays, ni surtout de correspondant, dis-je en insistant sur le fait que sans Yu Shan, je n'aurais jamais réussi à faire sortir Clémentine.

Cette conversation nous a décidément rapprochées. Moi qui la trouvais déjà sympathique, voilà qu'elle a les mêmes idées que moi sur l'adoption.

Un beau soir, je reçois un coup de téléphone étrange, d'une bonne sœur chinoise qui me dit avoir été choisie par la Mère pour lui servir d'interprète quand elle ira voir Mlle Pommier, pour lui traduire tout ce qu'elle ne comprendrait pas. La bonne sœur me tient un langage étonnant :

– Faites une bonne œuvre, madame, prenez cet enfant... On ne laisse pas un enfant de Dieu malheureux... Etes-vous catholique ? Non ? Ça ne fait rien madame, Dieu vous le rendra quand même, si la grâce vous touche et que vous prenez cet enfant.

Complètement interloquée, je lui réponds un peu plus sèchement qu'il n'est nécessaire que si « cet enfant » est là où il est, c'est bien parce que sa mère a refusé de signer l'an dernier, et qu'elle ne s'y est pas intéressée pour autant depuis. « Cet enfant » serait déjà depuis six mois avec moi, sans cela, mais entre-temps, la situation a changé, et je ne suis pas seule en cause, que ce soit avec ou sans le secours de Dieu !

Mlle Pommier m'appelle deux jours après. Elle a vu la Mère, en présence de cette bonne sœur chinoise qui a effectivement servi d'interprète. La Mère veut bien signer et n'a manifesté aucune envie de reprendre Bernard. Elle va réfléchir pour Frédéric qui l'intéresse visiblement bien plus, mais elle n'a « pas la force » de prendre Bernard. Elle est d'accord pour renoncer à ses droits parentaux... mais seulement en ma faveur ! Mlle Pommier trouve que ce serait la meilleure solution, mais cette renonciation ne peut s'effectuer qu'en faveur de mon mari et moi, et non de moi seule. Qu'en pense donc mon mari ?

Je réponds que je vais lui poser la question, et que je répondrai le plus vite possible.

Mais hélas, je me doute tant de la réponse que je n'arrive même pas à la poser à mon mari cette fameuse question !

Entre-temps, samedi est là à nouveau et je dépose une fois encore ma fille chez Frédérique pour retourner voir Ben à Clamart. J'apporte à Benjamin un sac aux trésors — que les grands du foyer lui piqueront aussitôt — pour ranger ses petites affaires, et comme Pâques approche, une provision d'œufs en chocolat et de poissons pour tout le monde, que Ben distribue un par un, très content de ce rôle. Il m'a très bien accueillie cette fois-ci et guettait visiblement mon arrivée. Il m'apprend que Song Tsuo est venu à Clamart, mais n'est allé voir que Mathieu, lequel n'a évidemment pas trouvé mieux que d'aller dire à son frère :

— Papa est venu me voir et pas toi !

Mais je suis là, et ma visite lui fait cent fois plus plaisir que celle de ce père dont il a peur et qui l'aime si peu. Il m'entraîne à nouveau vers sa boîte à courrier, qui se garnit nettement, car j'ai continué à envoyer des cartes et des petits mots. La puéricultrice me dit qu'il est en progrès, participe mieux aux jeux et parle un peu plus, mais qu'il reste méfiant et triste. Je lui montre une photo de Ben à la campagne, riant aux éclats sur une balançoire, l'air de n'importe quel enfant heureux.

– Oh ! madame, nous ne l'avons jamais vu rire comme ça, ici, c'est déjà difficile de le faire sourire ! s'exclame la jeune fille, ce qui n'est pas fait pour arranger mon sentiment qu'il faut absolument faire sortir Ben de là.

Comme il fait beau et que cela sent le printemps, j'emmène Ben jouer dehors. Devant le pavillon est une sorte de pont en bois, qui doit en temps normal servir à des exercices de motricité, et qui nous est prétexte à un nouveau jeu : tous les enfants sur le pont, juste à la hauteur de mes yeux, sont des singes et nous sommes au zoo. Je distribue d'imaginaires bananes et les enfants me sautent dans les bras l'un après l'autre. Nous nous amusons fort bien, mais Ben en a vite assez de me partager.

– C'est ma marraine, dit-il aux autres, c'est pas la vôtre.

Nous allons nous asseoir dans l'herbe, loin à l'écart des autres et je recouds l'œil-bottine du lapin qui était tombé, avec une aiguille et du fil que Ben est allé demander tout seul. Puis 5 heures arrivent, il faut partir, nous rentrons aux Pinsons.

– A bientôt, mon Bichou. Je reviens samedi prochain, tu sais ?

C'est à cet instant-là que s'approche un petit frisé, qui a peut-être six ans, et qui me lance :

– Et pourquoi tu l'emmènes pas, Bernard ?

J'ai tout à coup l'impression que tout le monde me regarde, tous les yeux des enfants sont rivés sur moi, toute la pièce renvoie comme une balle la même question, jusqu'à Benjamin dont le regard dit très clairement, pour une fois :

– Ben oui, pourquoi tu m'emmènes pas ?

Et je balbutie très vite : « Parce que je ne peux pas... » avant de m'enfuir désolée.

Comme elles furent difficiles, les journées qui suivirent... Julien ne veut rien entendre. N'a-t-il pas déjà dit qu'il n'a aucune intention de prendre Benjamin, et à aucun titre ? J'ai déjà de la chance d'avoir Clémentine. Le cas de Benjamin, c'est à la DDASS de le régler, et pas à nous. Ils ont bien dit qu'ils le feraient adopter, non ? Alors de quoi est-ce que je me mêle, et pourquoi est-ce que je m'obstine à y aller chaque samedi, au lieu de m'occuper de ma fille ?

Mur d'incompréhension. Il peut parler, lui qui n'est jamais là... pour ce qu'il s'en occupe, de sa fille... Mais justement, s'il s'occupe aussi peu de cette enfant qu'il est pourtant content d'avoir, si je lui impose Benjamin, il ne s'en souciera pas du tout !

Dilemme.

Je passe les nuits à me ronger, sans trouver aucune issue. Et Mlle Pommier, qui attend ma réponse...

A la crèche, Chloé a remarqué mes traits tirés et me demande si quelque chose ne va pas.

Je vais dans son bureau et je lui raconte tout. Que

je vais peut-être avoir un autre enfant, qu'il a quatre ans, que c'est affreusement compliqué, que Julien n'est pas d'accord et que je suis complètement déchirée.

Chloé écoute attentivement. Comme cela fait du bien, de raconter sa peine à qui sait la comprendre !

– Tenez-moi au courant, Valérie, dit Chloé qui voit comme je suis bouleversée.

La semaine passe cependant sans que je trouve moyen d'aller discuter à nouveau avec elle, et qu'aurais-je dit de plus ? Je n'entrevois rien, pas la moindre solution que de me retrouver seule avec Benjamin et Clémentine, avec Ben en nourrice, puisque sans l'accord de Julien il ne peut y avoir de renonciation en notre double nom.

Le vendredi matin, comme je conduis Clémentine à la crèche et la déshabille pour la remettre sans culotte à Jenny, Chloé me fait signe de venir dans son bureau.

– Alors, comment va Gaspard ? demande-t-elle.

– Non, non, Gaspard va très bien, mais Gaspard, c'est le fils de ma sœur ; mon enfant-problème, c'est Benjamin, ai-je répondu, déjà très touchée qu'elle se soit souvenue de la conversation que nous avions eue.

Je ne sais pas. Je tourne en rond. Je ne sais pas quel parti prendre, Chloé, c'est si difficile...

Et tout à coup, je la regarde :

– Mais vous, Chloé, vous, si mon mari ne se décide pas, vous n'en voudriez pas, dites, de mon Benjamin ?

La même idée vient apparemment de lui traverser l'esprit, car elle me sourit.

– Vous croyez que cela serait possible ? Ce serait merveilleux, mais il faut que j'en parle à Sébastien parce que lui, c'est un bébé qu'il voudrait pour moi, C'est si rare pour une mère de pouvoir emmener son enfant à son travail, alors que moi, avec la crèche... Mais si Sébastien accepte, je le prendrai, ce petit Benjamin. Si vous êtes sûre de ne pas le regretter, dit Chloé avec son beau sourire.

– Je n'ai pas encore décidé, Chloé, il faut que je voie avec Julien. Voilà la photo de Benjamin – en réalité, il s'appelle Bernard Song. Montrez-la à Sébastien, et dites-moi lundi comment il a réagi. Moi, de mon côté, je vais y réfléchir aussi.

Je me sens un peu mieux tout à coup. Peut-être est-ce cela la solution que j'attendais... Peut-être... Je pars, laissant aux mains de Chloé la photo de Ben riant aux éclats sur la balançoire.

Samedi

Je retourne à nouveau à Clamart, où l'on commence à me connaître. Ben m'entraîne aussitôt pour voir « sa main » sur le mur car les enfants cette semaine-là ont dessiné chacun leur main, en la contournant avec un crayon. Il a aussi dessiné une voiture, mais a tout colorié en noir, alors que de tous les enfants qui sont là, c'est lui qui assortit le mieux les couleurs, me dit la puéricultrice.

Je reste peu de temps cette fois-là, car j'ai du mal à faire semblant que tout va bien, quand tout est justement si confus dans ma tête.

Benjamin m'a emmenée visiter tous les pavillons, car il a élargi son terrain de chasse plus familier qu'il est des lieux. Mathieu, vaguement jaloux, nous accompagne une partie du chemin, mais retourne vite à ses copains.

Le dimanche est morne, Julien a je ne sais quelle réunion, et Clémentine, enrhumée, ronchonne.

Lundi matin

Chloé m'attend à la crèche et guette mon arrivée. Nous allons dans son bureau quand Clémentine a rejoint la section des moyens et y a retrouvé Jenny.

Chloé me tend la photo de Ben :

– Prenez votre décision, Valérie. Mais si vous n'adoptez pas cet enfant, nous le ferons, si c'est possible, dit-elle tout simplement, avec son bon sourire.

Puis elle me raconte qu'elle en a parlé en rentrant à Sébastien, son mari, et qu'il lui a dit :

– Laisse-moi réfléchir ce week-end, je te donnerai ma réponse dimanche soir.

Le dimanche soir, il a dit oui, parce qu'il lui

semblait monstrueux de laisser grandir un enfant dans un orphelinat, qu'il sentait combien Chloé en avait envie, de ce petit qui tombait du ciel, et pensait comme moi, qu'un enfant, ça ne se refuse pas, quel qu'il soit. Mais plus probablement avait-il accepté parce qu'il savait au fond de lui-même qu'il avait tout pour être un excellent père, et que seul un enfant lui manquait... Chloé me dit que son mari ne comprend pas très bien pourquoi je ne le prends pas moi-même, cet enfant que je dis tant aimer, ni pourquoi Julien n'en veut pas.

Je soupire et dis à Chloé :

– Très bien. Laissez-moi jusqu'à demain, voulez-vous ? Il faut que j'en parle absolument à Julien. Demain matin, je vous promets que je vous donnerai ma réponse.

Par chance, Julien est justement à la maison ce soir-là, et semble d'excellente humeur. Il donne son bain à Clémentine et reste avec moi dans la cuisine pendant que je prépare le dîner. La petite une fois couchée, je sens que l'instant est venu ; je ne peux plus reculer, il faut percer l'abcès une bonne fois pour toutes.

– Ecoute Julien, à propos de Benjamin...

Qu'il est difficile de commencer, quand surgit aussitôt un regard excédé !

– Quoi encore, Benjamin ?

– Ecoute Julien, il faut que je te dise que j'en ai parlé à la crèche. Les Mazamet, tu sais, la directrice ? Ils le prendront si nous ne le faisons pas, mais j'ai besoin de ton avis. Cela fait des semaines que nous évitons d'en parler, et tu vois bien que je ne vis plus. J'ai promis à Chloé Mazamet de lui donner une réponse nette demain matin, tu comprends bien qu'il ne faut pas traîner... Alors ?

– Qu'ils le prennent, lance Julien catégorique, qu'ils le prennent, c'est de loin la meilleure solution.

Il me paraît tout à fait inutile d'argumenter, le joueur de Go n'est plus intéressé par la partie.

Cette nuit-là fut terrible. Toute la nuit j'ai pesé le pour et le contre. Donner mon Benjamin à ces gens que je connais si peu que c'est tout juste si j'ai entr'aperçu Sébastien ? Mais qu'il ait dit oui si vite montre quel homme généreux il est – comparé à certains. Chloé, on ne pourrait trouver meilleure mère, je le sais pour l'avoir vue s'occuper avec tant de talent de tous ces petits à la crèche. Quelqu'un qui est capable de tant d'attention pour les enfants qui lui sont confiée ne pourra qu'être parfaite avec son propre enfant. Elle saura, c'est évident, apprivoiser Ben et le faire sien, il aura de vrais parents ; un père et non un courant d'air... Une mère qui pourra lui donner toute l'exclusivité qu'il réclame, tandis qu'il faudrait que je me coupe en deux pour arriver à satisfaire et lui et Clémentine... Qui plus est, avec les Mazamet, il serait adopté au plus vite, tandis qu'avec moi, si je quittais Julien, ce ne serait qu'un nourriciat... Au petit matin, il m'est apparu évident que le bonheur de Benjamin n'était certainement pas avec moi, qui n'avais à lui offrir qu'un semblant de foyer et une moitié de cœur, et qu'il serait monstreusement égoïste de ma part de vouloir le garder, et de le priver de cette chance qui s'offrait, cette chance qui s'appelait Sébastien et Chloé Mazamet. Encore fallait-il mettre toutes les chances de leur côté et je n'y suffirais pas seule.

Au petit matin, je réveille mon mari et lui dis :

– J'ai pris ma décision, Julien. Benjamin ira chez les Mazamet, tu as parfaitement raison, c'est la meilleure solution pour tout le monde. Mais j'ai encore besoin de toi, tu ne vas pas refuser de m'aider ? J'ai besoin de toi, parce que la Mère a dit qu'elle ne voulait signer qu'en notre faveur. Je ne te l'avais même pas dit, je connaissais d'avance ta réaction. Mais toi, tu parles bien chinois, toi, tu peux la convaincre qu'il n'y a pas d'autre solution. Au point où nous en sommes, nous ne pouvons pas laisser les Mazamet en plan, ni Ben dans un foyer, et toute seule je n'y arriverai pas. M'aideras-tu, Julien ?

Julien me regarde, blessé que j'ai pu penser qu'il n'interviendrait pas.

– Mais bien sûr, que je vais lui parler, à la Mère ! Et à Song Tsuo aussi, s'il le faut. Je l'aime bien, Benjamin, tu sais ! mais c'était trop compliqué. Je te l'ai toujours dit, que c'était trop compliqué. Si les Mazamet le prennent, il sera très bien et les Song leur ficheront la paix. Et toi, tu as Clémentine, tu ne peux pas tout avoir. Tu vas voir, moi les Asiatiques, je sais leur parler. Je vais la convaincre, la Mère, ça, tu peux en être sûre ! Tiens, Clémentine est réveillée, va la chercher, qu'on fasse un câlin tous les trois...

La question est résolue. Il serait bien inutile que

je parle de mes affres de la nuit à Julien, que j'ai rarement vu aussi content : sa femme va peut-être enfin revenir à la raison, une fois Benjamin casé et bien casé ? Quant au rôle qu'il devra jouer pour mener à bien les négociations, c'est une autre partie de Go à jouer, une partie qu'il sait gagner. Julien excelle dans les tractations de toutes sortes ; s'il veut bien s'en charger lui-même, il n'y a aucune inquiétude à avoir, il réussira.

Julien me dépose en voiture en bas de la crèche avec Clémentine. Chloé nous attend, mais il y a trop de parents autour de nous et trop d'enfants à préparer. Chloé retourne dans son bureau et me fait signe de l'y rejoindre dès que j'aurai remis ma fille à Jenny.

– J'ai pris ma décision Chloé, Benjamin sera à vous, je ferai tout ce que je pourrai pour vous aider à y parvenir. Mon mari est d'accord pour se charger des tractations avec les parents, qui doivent avoir lieu en chinois. Vous n'avez pas à vous inquiéter, il n'y a pas plus habile négociateur surtout quand c'est entre Asiatiques ! J'ai réfléchi toute la nuit Chloé, et je suis persuadée que le bonheur de Benjamin est avec vous deux, vous êtes mieux que moi pour lui. Quant à moi, j'ai ma Clémentine, qui pourra me garder pour elle toute seule, au moins pour le moment ! Je lui donnerai sûrement des frères et sœurs un jour, mais là, c'était mille fois trop tôt, de cela aussi, je suis certaine.

Chloé me fait un sourire lumineux. Elle n'ose encore trop y croire, il reste tant à faire et ce que je lui ai raconté des tergiversations de la Mère n'est pas fait pour la rassurer. Je lui explique longuement tout ce que m'a dit Mlle Pommier, et que la situation de Benjamin est entièrement différente par rapport à l'an précédent, du fait de son passage à la DDASS. Il sera adopté de toute façon, tôt ou tard, mais il reste deux points à régler : que la Mère consente à signer en leur faveur et non en la nôtre, et que la DDASS accepte de prendre leur candidature en considération, alors qu'ils n'habitent pas le département où Ben a été abandonné. La première chose à faire est de se mettre en rapport avec Mlle Pommier.

– Laisse-moi d'abord prévenir Sébastien, dit Chloé qui ajoute : Tiens ! Je vous ai tutoyée !

– Il y a lontemps que ce tutoiement était dans ma tête, tu sais ! ai-je répondu avec un grand sourire. Ce n'était pas la première fois que la même idée nous venait en même temps. Chloé appelle Sébatien, qui se montre très content de ma décision, mais qui s'inquiète manifestement beaucoup de la manière dont pourraient évoluer les choses. Et si la DDASS allait refuser ? Et si la Mère ne signait pas ?

Comme elles me sont familières, ces interrogations multiples ! A la différence d'autrefois, l'obstacle ne me paraît plus insurmontable. Il faut dire que je connais les deux parties dont dépend l'aboutissement de cette affaire, tandis que les Mazamet n'ont, pour l'instant, que ma bonne parole.

Je ne comprends que trop leur angoisse.

J'appelle Mlle Pommier, je lui explique où j'en

suis arrivée. Qu'il n'est pas constructif d'envisager de mettre Bernard en nourrice chez moi, quand mon mari est hostile à cette idée et que j'ai déjà une petite fille en cours d'adoption, comme elle le sait. Que Bernard est très exclusif et risque de pâtir d'avoir à partager mon affection avec Clémentine, et que j'entrevois mal l'avenir avec un enfant qui n'aura d'autre statut que d'avoir été placé chez moi par la DDASS. Si j'ai un autre enfant, il faut qu'il soit vraiment le frère de ma fille, que je les élève ensemble sur un pied d'égalité. L'hypothèse d'un placement me semble pernicieuse pour Benjamin comme pour moi.

Mlle Pommier comprend parfaitement mes scrupules, mais s'inquiète de l'avenir de Bernard.

– Justement. J'ai une solution parfaite à vous proposer : des amis à moi, les Mazamet. Elle est directrice de crèche, ce qui est déjà excellent ! Il est ingénieur, leur dossier de DDASS est tout prêt. Ils sont d'accord pour prendre Bernard le plus vite possible en vue d'adoption, et mon mari se propose pour obtenir l'accord de la Mère pour qu'elle signe en leur faveur et non en la nôtre. Quant à Song Tsuo, il a déjà signé, donc ce n'est pas un problème !

Mlle Pommier réfléchit un instant, puis répond :

– Vous avez sans doute raison, mais je ne peux rien décider sans avoir vu vos amis Mazamet. Qu'ils me téléphonent pour prendre rendez-vous et venir me voir le plus vite possible, parce que contrairement à ce que vous avez l'air de croire, c'est justement à cause de Song Tsuo qu'il faut faire vite :

voyez-vous, il a signé en faveur de l'État, et cette renonciation est irrévocable au bout de trois mois. Pour que vos amis aient l'enfant, il faut que Song Tsuo se rétracte avant que trois mois ne se soient écoulés depuis la date de la signature, et qu'il recommence en faveur de vos amis. Song Tsuo a signé en janvier, nous sommes fin mars, vous voyez qu'il faut faire vite !

– Les Mazamet vont vous appeler ce matin. Si vous avez besoin de nous pour quoi que ce soit, n'hésitez pas. Merci encore de tout ce que vous faites.

Je raconte à Chloé tout ce que m'a dit Mlle Pommier.

– A toi de jouer, Chloé, il faut que tu l'appelles, à présent ! Tu es sûre que tu ne veux pas le voir, Benjamin, avant de te lancer dans la bagarre ?

Et Chloé a cette réponse merveilleuse :

– Certainement pas ! Un gamin est un gamin. Nous serions bien trop déçus après, si jamais ça ne marchait pas et que nous l'avions vu ! L'important, c'est de foncer.

Chloé et Mlle Pommier se mettent d'accord pour se rencontrer au milieu de la semaine, en présence de Sébastien bien évidemment.

Je retourne au bureau, mieux dans ma peau que je ne l'ai été depuis des semaines et des semaines, intimement persuadée d'avoir fait ce qu'il fallait faire.

Le soir, une fois rentrée à la maison où je suis seule avec ma fille comme à l'accoutumée, Julien ayant toujours une autre réunion ou de nouveaux amis à voir, je fais dîner Clémentine, la couche et décide d'écrire à Sébastien Mazamet. Il me paraît essentiel qu'il cesse de s'inquiéter, cet homme que j'ai à peine entrevu, sur mon attitude envers Ben, et qu'il comprenne bien pourquoi je désire tant qu'ils puissent sa femme et lui en faire leur fils.

J'écris donc une grande lettre qui commence par cette ligne bizarre : « Cher monsieur Mazamet que je ne connais pas... », dans laquelle je tente de lui faire comprendre pourquoi j'ai agi ainsi, et comment je compte m'effacer dès que Ben sera chez eux, qu'il n'ait aucune inquiétude à cet égard.

Je donne la lettre le lendemain à Chloé, un peu étonné de mon idée, mais qui m'approuve.

– Tu as raison, dit-elle, Sébastien se fait effectivement du souci par rapport à Julien et toi, il ne comprend pas vraiment.

Et nous parlons. Je raconte tout ce que je sais de Benjamin, comment il est, ce qu'il aime et ce qu'il n'aime guère.

Chloé m'avoue dormir mal ; elle a hâte de voir Mlle Pommier, hâte d'avancer, hâte d'avoir son enfant.

– Ne te fais pas trop de souci, ça va marcher, Chloé, ça va marcher ! Une directrice de crèche, pour la DDASS, voyons, il n'y a pas mieux, tu le sais bien ! Vous allez lui plaire, à Mlle Pommier. Et pour les autres, ils ne résisteront pas à Julien, j'en suis absolument certaine ! D'ailleurs, c'est vous ou rien, comment veux-tu qu'ils hésitent ? Je t'ai dit cent fois qu'ils n'en veulent ni l'un ni l'autre.

– C'est justement ça, qui est incroyable, me dit Chloé en soupirant, ça paraît tellement étrange, toute cette histoire !

Le rendez-vous avec Mlle Pommier a lieu à Nanterre. Chloé et Sébastien ont fait la meilleure impression du monde, comme j'en étais persuadée. Mlle Pommier trouve cette solution excellente et parfaitement conforme à l'intérêt de l'enfant, elle a la gentillesse de me téléphoner pour me le dire. Chloé m'avait déjà raconté que tout s'était passé au mieux et qu'ils étaient sortis de son bureau pleins d'espoir, mais je suis très touchée de l'appel de Mlle Pommier. Elle ajoute que, comme nous avons proposé nos services, cela lui semble une bonne idée que Julien demande à Song Tsuo de prendre contact avec elle pour se rétracter à Nanterre, et que nous arrangions une signature chez le notaire en faveur des Mazamet. Elle ajoute que si Song Tsuo le fait, cela déterminera la Mère à en faire autant. Mon mari peut-il se charger également des tractations avec elle ? Je l'assure que la chose ne pose aucun problème, Julien ayant promis d'aider et étant sûr du résultat.

Julien a prévenu Song Tsuo qu'il avait à discuter avec lui, et nous sommes retournés « là-bas », ce qui m'a fait une bien curieuse impression, plusieurs mois s'étant écoulés depuis ma dernière visite et tant de choses s'étant passées...

Julien s'est lancé dans une grande diatribe en chinois, fort de son talent d'orateur. Song Tsuo a écouté attentivement, puis a répondu simplement :

– Cet enfant a toujours été une pierre sur mon cœur. Si vos amis sont ce que vous dites et si vous ne pouvez pas le prendre vous-mêmes, il est vrai que Bernard sera mieux avec eux qu'à la DDASS. Si j'ai signé pour l'Etat, c'est parce que la DDASS m'avait dit qu'il fallait le faire. Si la DDASS dit aujourd'hui qu'il faut se rétracter, j'irai. Mais je ne peux le faire qu'un lundi, parce que c'est mon seul jour de congé. J'irai le matin à Nanterre et l'après-midi à Paris, chez le notaire que vous voudrez. J'y serais déjà allé la dernière fois, vous le savez bien, c'est ma femme qui a tout gâché... Je vous remercie pour Bernard et j'espère qu'il sera bien avec vos amis. Vous pouvez leur dire qu'ils n'entendront jamais parler de moi, j'ai refait ma famille. Bernard n'a jamais été qu'une pierre sur mon cœur...

Il nous a raccompagnés à notre voiture, et a répété qu'il irait le lundi suivant faire toutes les démarches demandées, nous pouvions absolument y compter. Que Julien lui dise seulement où et à quelle heure il devait se rendre chez le notaire.

Nous sommes retournés vers Paris.

– Tu vois, m'a dit Julien, j'en étais sûr. Ce n'est pas un méchant homme, ce Song Tsuo, mais son Bernard, il n'a jamais su quoi en faire, c'est une fameuse épine du pied que nous lui retirons là !

A peine sommes-nous rentrés au bureau que j'appelle Chloé.

– Il a dit oui, Chloé ! Song Tsuo a non seulement dit oui, il a même dit merci ! Il ira signer lundi. Je vais prévenir Lucie, autant passer par elle, d'autant qu'elle a tous les éléments, puisqu'elle avait déjà préparé l'acte l'an dernier ! Oh ! Chloé ! Ça va s'arranger, tu vas voir !

– Il serait peut-être temps que nous fassions mieux connaissance, tous les quatre ! Si nous déjeunions ensemble ? Sébastien grille de vous connaître, Julien et toi, a proposé Chloé tout émue.

Le lendemain a lieu la rencontre, qui s'imposait effectivement. Sébastien est grand et solide, il respire la confiance et la gentillesse, j'ai l'intuition immédiate que c'est exactement le père qu'il faut à Benjamin. Un père qui sera là, un père responsable et présent, un père comme on en voudrait pour tous les petits garçons du monde... Un père bien mieux que Julien, ne puis-je m'empêcher de penser !

Leur petit garçon leur semble très proche à présent. Il ne reste qu'un seul obstacle : la signature de la Mère. Julien répète qu'il est sûr et certain de l'obtenir, mais Sébastien et Chloé restent sceptiques.

Quant à moi, la seule chose qui me tracasse, c'est qu'il changent à nouveau Benjamin de prénom. Je sais bien que je n'ai rien à demander, mais je serais si contente s'il gardait ce nom-là, qui lui va si bien et auquel il est déjà habitué. Sébastien et Chloé rient de bon cœur.

– C'est déjà Benjamin pour nous, dit Chloé avec

son sourire que j'aime tant. Et puis tu resteras sa marraine, n'est-ce pas ?

La chose est entendue. Nous nous quittons très contents de la tournure que prennent les événements. En me disant au revoir, Sébastien glisse :

– Et merci pour la lettre...

J'ai prévenu Lucie qui va refaire les actes et se réjouit grandement de la solution que j'ai trouvée. Elle ne peut s'empêcher de me trouver optimiste d'être si sûre que la Mère va consentir à signer, elle qui n'a jamais pu s'y résoudre auparavant ! Je lui assure que la situation n'est plus la même, que d'être passé par la DDASS a tout changé pour Benjamin, et que la Mère n'a guère le choix, à partir du moment où elle refuse de prendre elle-même l'enfant. Lucie ne demande qu'à me croire. Elle me préviendra aussitôt que Song Tsuo sera venu signer, et s'arrangera pour faire signer la Mère n'importe quand, dès qu'elle voudra. Je la remercie du fond du cœur de son aide, de sa compréhension, de son amitié.

– Moi aussi, j'ai un fils, dit Lucie. Si je peux aider tes amis à en avoir un, tu sais bien que c'est avec un grand plaisir.

Lucie a cependant raison, il faut absolument prendre contact avec la Mère. A mon joueur de Go de se risquer !

Julien se met en chasse. Au septième coup de fil, il la trouve et lui demande de nous rencontrer tous les deux. Elle accepte de déjeuner avec nous, dans un restaurant chinois bien évidemment, mais pas avant le lundi suivant, justement le jour où Song Tsuo doit aller signer... Je fais signe à Julien de dire oui. La chose est entendue, à lundi, midi et demi, au Dragon du Sichuan.

Comme j'arrive à la crèche reprendre Clémentine, Chloé à qui j'avais aussitôt téléphoné pour l'informer du rendez-vous, me tend un immense œuf en chocolat :

– C'est pour lui, comme ça, il va pouvoir en distribuer à tous les Pinsons, puisque tu m'as dit qu'il aimait partager ! dit-elle en riant, puis elle ajoute en m'en tendant un d'une taille plus raisonnable : Et celui-là est pour notre Clémentine !

– J'y vais demain, ne t'inquiète pas. Je ne lui dirai encore rien, mais je vois le jour arriver...

Avril

Ce premier samedi d'avril me réserve une surprise : Julien propose de venir à Clamart avec moi !

– Ça fait longtemps que je n'ai pas vu Benjamin, et il sera sûrement content de nous voir tous les deux, tu ne crois pas ?

Je trouve l'idée excellente, d'autant que je n'avais pas l'intention de m'éterniser aux Pinsons. Si Julien m'accompagne, cela sera plus naturel que nous ne restions pas longtemps. Nous allons ensemble à Clamart après avoir laissé Clémentine chez ma sœur, qui s'est gentiment proposée pour la garder. Julien est plus impressionné qu'il ne l'aurait pensé par tous ces petits en mal de parents et par l'aspect de Benjamin, qu'il trouve très changé. Moins bébé, à part quelques rondeurs, mais tellement moins épanoui qu'avant...

Pour sa part, Ben est absolument ravi de nous voir, et saute au cou de Julien. L'œuf de Chloé a grand succès, surtout quand Julien propose d'aider de le mettre en morceaux, mais que ce soit Ben qui fasse la distribution.

– Z'en ai jamais vu un si gros, de zœuf ! dit Benjamin admiratif. Je peux en goûter un p'tit bout ?

– Bien sûr mon Ben, puisqu'il est à toi !

Nous sommes partis très vite, laissant Ben distribuer des « 'tits bouts de zœuf » à tout le monde.

– A samedi prochain, mon Bichou. Compte sur tes doigts, ce sera vite samedi prochain...

Lundi

Aussitôt arrivée à la crèche, je raconte à Chloé notre visite du samedi, et comment le petit a distribué des « 'tits bouts de zœuf » à la ronde. Sébastien et Chloé ont bien entendu passé le week-end à se faire du souci et à retourner dans tous les sens les éléments de ce casse-tête... réellement chinois !

Ce lundi est un jour décisif : c'est aujourd'hui que

Song Tsuo doit se rendre à Nanterre puis chez Lucie qui l'attend à 3 heures. C'est aujourd'hui également que Julien et moi devons déjeuner avec la Mère.

Chloé me regarde.

– Ne t'inquiète pas, ma belle. Song Tsuo va aller signer, je te l'ai déjà dit, et la Mère, Julien saura lui parler, de cela je suis sûre aussi. Je me sauve, je viendrai directement te raconter tout en sortant du restaurant. Pour Song Tsuo, Lucie te téléphonera dès qu'il sera venu. Avant 5 heures, tu auras donné la bonne nouvelle à Sébastien lui dis-je pour tenter de la rassurer.

– Oui, mais... mais si la Mère comme elle l'a fait pour toi, dit qu'elle va signer et change d'avis après ? insiste Chloé, le front barré par l'angoisse.

– Ça n'arrivera pas. Mais quand bien même elle le ferait, vous auriez quand même Benjamin, puisque Mlle Pommier est d'accord pour vous le confier, et que Song Tsuo lui, va signer. On l'aura à l'usure la Mère, c'est tout ! Je reconnais que ce sera éprouvant pour vous, mais la grosse différence avec l'an dernier, c'est que vous aurez la DDASS pour vous épauler, et qu'il sera placé officiellement chez vous, ce qui change tout. Chez nous, ils auraient pu venir le reprendre tous les jours, les parents, tu imagines l'angoisse ? Mais ne te ronge pas. Elle va dire oui, cette fois, j'en suis quasiment sûre. A tout à l'heure Chloé, et pense à moi à l'heure du déjeuner !

– Comme si c'était la peine de le dire ! rit Chloé. Je sens que je ne vais faire que ça...

Je retourne au bureau où je n'arrive guère à me

concentrer sur les composants X 23, et où j'ai bien du mal à rédiger une notice explicative. L'électronique n'a jamais été mon fort, et j'ai vraiment la tête ailleurs !

A 11 heures, Mlle Pommier m'informe que Song Tsuo sort de son bureau, qu'il a effectué sa rétractation et que l'acte précédent est donc bel et bien annulé. Elle ajoute qu'il lui a dit qu'il se rendrait à 3 heures chez le notaire, et qu'elle est persuadée qu'il le fera. J'en profite pour lui dire que je vais de mon côté déjeuner le jour même avec la Mère, et que je lui raconterai après comment le repas se sera déroulé, et quelle décision elle aura prise.

– Bonne chance à vous ! me dit Mlle Pommier. Je vous laisse le soin d'informer Mme Mazamet, n'est-ce pas ?

– Je vais le faire immédiatement. Merci encore pour tout ce que vous faites.

J'appelle aussitôt Chloé.

– Ça commence bien, voilà la première manche quasiment gagnée, croise les doigts, et à tout à l'heure !

– Je suis de tout cœur avec toi, tu sais, me répond Chloé de sa voix chaleureuse et d'un ton déjà plus optimiste que le matin.

A midi, nous partons Julien et moi pour le Dragon du Sichuan où nous attend la Mère. J'ai quand même un pincement au cœur tout au long du trajet. Et si elle n'allait pas au rendez-vous ? Je n'ose regarder Julien, qui se rend compte de mon énervement :

– Ne te fais pas de souci, allez ! Cette partie de Go-là, elle est gagnée d'avance. Je te l'ai déjà dit cent fois, non ? Sais-tu pourquoi ? Parce que l'adversaire n'a aucune tactique à opposer à la mienne. L'adversaire n'a pas de tactique, et que je me demande même s'il y en a un, d'adversaire, comme disent les taoïstes ! s'exclame-t-il.

– C'est justement ce qui m'inquiète ! Et s'il n'y avait pas d'adversaire ? Si elle ne vient pas, nous aurons bonne mine !

– Mais si, elle viendra, rétorque Julien juste comme nous arrivons devant le restaurant. Elle viendra, parce qu'elle aussi elle a un poids sur la conscience. D'ailleurs regarde, elle est là.

Effectivement, la Mère est là, qui nous attend devant la porte. A Julien de jouer, à présent.

Nous nous installons tous les trois à la table la plus tranquille, bien à l'abri derrière un grand paravent de laque noire. La Mère nous regarde. Elle a l'air fatigué, mais plus résolu que lors de notre dernière rencontre.

Nous commandons des plats, je laisse Julien faire, qui semble très à l'aise. Le garçon parti avec la commande, la Mère regarde Julien et lui dit en chinois :

– Vous avez voulu me voir, je pense qu'il s'agit de Bernard ?

– Il s'agit bien de Bernard, répond très calmement Julien.

Il lui explique posément, en choisissant ses termes de manière qu'elle comprenne le plus clairement possible, que nous n'allons pas prendre Bernard, parce que nous venons d'adopter une petite fille. Que nous étions prêts à le faire l'an dernier, mais que la chose ne s'est pas faite. « Quand la cruche est cassée, nul ne peut y remettre de l'eau répandue », dit le proverbe chinois. Il ne serait pas juste à présent, ni pour lui ni pour notre fille de vouloir forcer le destin. Néanmoins, elle doit comprendre que grandir dans un orphelinat est très dur pour un enfant, et qu'il maudira ses parents plus tard de l'avoir abandonné, seul et sur une terre étrangère. Song Tsuo a fait le nécessaire pour que Bernard soit adoptable, mais il ne dépend que d'elle qu'il retrouve une famille, ce sera donc elle qu'il remerciera plus tard de lui avoir laissé une chance et d'avoir été généreuse. Il ne pourra avoir d'acidité au cœur si elle signe à son tour, tandis que s'il reste par sa faute toute son enfance dans un orphelinat, il la haïra plus tard.

Pause. Julien est décidément très habile. Il s'est arrangé pour retourner complètement la situation. Voilà qu'elle va lui demander son aide !

La Mère effectivement baisse la tête. Elle a posé ses baguettes et nous regarde d'un air de chien battu.

– Comment faire ? dit-elle simplement.

Julien, toujours très calme, enchaîne, explique que nous avons des amis, très riches et sans enfants – il insiste sur leur richesse qui est un signe déterminant de réussite dans la vie pour les Chinois. Une famille riche ne peut être qu'une famille bien – qui ne peuvent en avoir et qui considéreraient Bernard comme un don du ciel. Qu'avec eux, Bernard serait choyé, ferait des études plus tard et aurait tous les avantages d'un enfant unique, et que le destin serait ainsi retourné, comme le disent les Chinois.

La Mère a relevé la tête et me regarde droit dans les yeux.

– Je vous ai vue avec Bernard, je savais qu'il aurait été bien avec vous, mais votre mari a raison, le destin n'était pas mûr. Vous, pensez-vous que ce sera bien pour lui, d'être avec vos amis ? me demande-t-elle d'un ton angoissé.

– Il sera mieux qu'avec nous. Ils ont tellement attendu d'avoir un enfant que Bernard sera le trésor de leur vie, dis-je en chinois en utilisant l'expression consacrée, bien plus forte qu'en français.

– Alors c'est le destin, dit la Mère.

Comme je la plains, à cet instant, cette femme si désemparée dont dépend le sort d'un enfant à qui elle a certes donné le jour mais pour lequel elle n'a aucun attachement, dont elle ne s'est pour ainsi dire jamais occupée, et qui n'a jamais représenté pour elle qu'une suite infinie de tracas. Elle ne souhaite qu'une chose, qu'on l'oublie et qu'on lui permette d'oublier l'existence de Bernard. Comme Julien a eu raison de vouloir lui donner le beau rôle ! Il est bien plus satisfaisant d'être en paix avec sa conscience.

– C'est le destin, reprend la Mère. Dites-moi ce que je dois faire, je le ferai. Plus tard, vous direz à Bernard que c'est pour lui que j'ai accepté. Pour qu'il n'ait pas de mauvais sentiments. Ce n'est pas de ma faute, s'il est né. Mais je l'ai quand même mis au monde...

Julien lui explique alors qu'il faudra qu'elle aille chez le notaire, comme elle l'aurait fait l'an dernier, pour signer une renonciation à droits parentaux en faveur de nos amis ; qu'une fois le papier signé, Bernard sera leur fils à jamais, exactement comme s'il était né d'eux. Qu'il portera leur nom, sera leur héritier et que ni Song Tsuo ni elle n'auront plus jamais quoi que ce soit à voir avec lui. Il ne sera plus leur fils, mais celui des Mazamet. Aux yeux de la loi et des hommes il n'y aura plus de Bernard Song, elle ne devra jamais l'oublier.

– J'ai bien compris, j'ai bien compris, répond la Mère qui se tourne vers moi pour ajouter : mais j'ai encore une chose à vous demander.

J'ai de nouveau l'angoisse au cœur. Elle va recommencer ! Elle va vouloir le voir, elle va mettre des si et des mais. J'essaie de ne pas montrer mon trouble.

– Que voulez-vous me demander ?

La Mère s'agite sur sa chaise et froisse sa serviette entre ses mains, elle soupire et se lance :

– Je voudrais que vous veniez avec moi chez le notaire, vous voudrez bien m'accompagner ? Toute seule ce sera difficile, et je ne vais pas comprendre, je parle si mal français.

Je pose ma main sur la sienne.

– J'irai avec vous, c'est promis. Je prendrai rendez-vous et je viendrai vous chercher. Dites-moi quand, mais le plus vite sera le mieux, Bernard ne sortira de l'orphelinat que quand vous aurez signé, vous voyez.

– Lundi prochain ? C'est le lundi qui est le plus facile pour moi. Lundi prochain, j'irai signer, vous pouvez le dire à vos amis.

Tout est dit, le repas s'achève. Quand nous nous quittons, Julien a un mot pour elle :

– Quand Bernard sera grand, je lui dirai ce qu'il vous doit. Il ne faut pas semer la haine.

La Mère s'en va, la tête plus droite et le regard plus assuré. A elle aussi, nous avons tiré une fameuse épine du pied ! Je félicite Julien, il s'est débrouillé comme un maître.

– C'est vrai, dit-il très fier de lui, mais je te l'avais bien dit, que je la gagnerai, cette partie de Go ! Va tout raconter à Chloé, moi j'ai du travail au bureau. Dis-lui bien de ne plus s'inquiéter, la Mère va aller signer, sinon elle perdra la face, et la face, pour les Chinois, tu sais ce que c'est !

Je cours jusqu'à la crèche, il est bientôt 4 heures tant la conversation a été longue, Chloé doit mourir d'angoisse. Ma mine joyeuse la rassure aussitôt et son regard s'éclaire. Je lui fais signe que tout va bien, et nous allons nous réfugier dans son bureau, à l'abri des oreilles indiscrètes. Je raconte à Chloé par le menu tout ce qui s'est dit, et comment Julien a su trouver les arguments qu'il fallait.

– Crois-tu qu'elle ira, lundi ? demande Chloé. C'est bien long,encore une semaine.

– Elle ira, à cause de la face.

Et j'explique à Chloé ce qu'est la face pour les

Chinois : la dignité, la raison d'être, ce qui vous place dans l'univers, la face est le moteur du monde.

Le téléphone sonne brusquement, interrompant mon cours de philosophie chinoise, c'est Lucie.

– Juste pour vous informer que Song Tsuo est venu signer à l'heure dite. Tout ça m'a l'air en très bonne voie ! Avez-vous des nouvelles de la Mère ?

Je fais signe à Chloé de me passer Lucie.

– Justement ma jolie, je viens de déjeuner avec elle. Peux-tu nous organiser un rendez-vous pour lundi prochain ? Je viendrai avec elle pour arrondir les angles.

– Aucun problème, tout est prêt. Veux-tu 3 heures ?

Rendez-vous est pris pour 3 heures. Lucie me rit au nez quand je la remercie.

– Tu ne vas pas recommencer, non ? D'ailleurs, c'est mon travail. A lundi, je t'attends avec elle à 3 heures.

Chloé a la figure tout illuminée. Et dire qu'elle ne connaît encore même pas Benjamin ! Voilà qui est extraordinaire. Toutefois ce n'est pas le moment de faire du sentiment. Il faut prévenir Mlle Pommier, et tout raconter à Sébastien, qui doit se ronger à son bureau.

Mlle Pommier est ravie de la tournure que prennent les événements. Puisque nous sommes quasiment sûrs que la Mère ira signer lundi prochain, elle pense qu'il est temps que Sébastien et Chloé fassent connaissance avec Benjamin. Une permission de week-end ne pourra être donnée que quand la Mère aura signé et que la DDASS aura confié effectivement le petit aux Mazamet, mais elle propose en attendant une permission de sortie pour le dimanche suivant. Si la Mère signe le lendemain, les Mazamet pourront prendre Ben chez eux le week-end suivant, et elle fera en sorte que les formalités de sortie aillent le plus vite possible et qu'ils puissent le prendre définitivement dans la semaine qui suivra.

Je laisse Chloé appeler seule Sébastien, ils doivent avoir des choses à se dire... Et je vais chercher ma petite fille. Que cette journée a été longue et comme elle s'est bien terminée ! Je frissonne à l'idée de l'état dans lequel nous aurions tous été, si... Mais je suis pleinement rassurée, elle ira signer, cette Mère, la tactique de Julien a été parfaite. Sans lui, nous n'y serions probablement pas arrivées, Chloé et moi !

La soirée est très calme. Julien n'est pas rentré, Clémentine a été adorable et je suis apaisée, pour la première fois depuis des semaines.

Il reste quand même un point d'ombre : il est temps de parler à Benjamin, temps d'avoir comme autrefois une conversation difficile. Il n'est pas question de tactique pour cela, et tous les talents du meilleur joueur de Go n'y changeraient rien. Il va falloir trouver les mots pour expliquer à un tout petit garçon que le passé est rayé et que de bons parents l'attendent. Heureusement que j'ai toute la semaine pour y réfléchir et m'y préparer.

Je vais regarder ma Clémentine dormir.

– Dors, petite fille jolie, dors. Quand tu seras grande, je te raconterai cette année difficile où tu m'es arrivée, où sans toi j'aurais été désespérée. Dors, ma princesse...

Fin avril

Cette semaine a passé très vite.

Chloé a commencé à choisir des habits pour son fils, des jouets pour la première rencontre, à me demander ce qu'il préférerait, ce qu'il aime, ce qui lui ferait plaisir, à cet enfant inconnu pourtant déjà presque le sien.

Je raconte son goût des bateaux.

– Oh, vraiment, il aime les bateaux ? Quelle chance ! s'exclame Chloé. La passion de Sébastien, ce sont les maquettes de bateaux. Ils pourront en faire ensemble, quand Benjamin sera plus grand. Des bateaux, il y en a plein la maison. Tu crois qu'un bateau à moteur serait une bonne idée ? Nous pourrions aller au Luxembourg, le faire marcher sur le bassin... Comme Sébastien va être content, quand je vais lui dire que son fils aime les bateaux comme lui ! Ils ont déjà des points communs.

Elle rêve un instant et reprend :

– Quelle taille de chaussures lui faut-il, sais-tu ? Pour les vêtements, c'est plus facile.

– Prends du 28, ça devrait lui aller. Il aime bien les couleurs vives, surtout le rouge.

– Tu sais ce que fait Sébastien le soir ? Il regarde

les catalogues de jouets, il compare les vélos, je crois qu'il ne va pas résister longtemps, il va lui commander un vélo. Je lui dirai de le prendre rouge !

Ce petit garçon dont elle n'avait jamais entendu parler, ne serait-ce qu'un mois auparavant, va donc être à elle, lui qui est déjà le centre de ses pensées ? Elle commence à y croire vraiment, tout en redoutant l'accroc de dernière minute, le coup du sort, l'empêchement. Elle a du mal à partager ma tranquille certitude, puisqu'elle ne peut qu'imaginer la conversation que nous avons eue avec cette Mère dont elle a du mal à comprendre les motivations.

J'ai l'impression d'avoir ôté de mes épaules le sac d'angoisses qui les écrasait pour le déposer sur les siennes. J'essaie de lui communiquer mon enthousiasme et ma ferveur, mais elles doivent être bien dures à vivre, ces journées d'attente pour Sébastien et Chloé !

Samedi se rapproche pourtant.

J'ai dit à Chloé que j'avais l'intention de parler d'abord au petit, qu'il me semblait impossible que nous arrivions à trois le dimanche sans qu'il sache de quoi il retourne, qu'il fallait préparer le terrain et que j'étais seule à pouvoir le faire.

Chloé m'a approuvée, qui connaît si bien les petits.

– Tu as raison, il faut le lui dire, et qu'il sache que nous l'attendons. Ça va pas être bien facile...

Et dans le sourire de Chloé, je puise le courage dont j'ai tant besoin pour tout dire à Benjamin.

Samedi

Encore une fois j'ai déposé Clémentine chez Frédérique, l'amie des jours difficiles, et repris le train pour Clamart. J'ai marché lentement jusqu'au foyer, en réfléchissant à la meilleure manière de présenter les choses à Ben, pour lui donner l'envie d'être à Sébastien et Chloé, l'envie de gommer le passé.

J'arrive devant les Pinsons au milieu d'un air de danse. Les enfants-pinsons font la ronde.

– Voilà ta marraine, Bernard ! prévient la puéricultrice et Benjamin lâche les mains qu'il tenait, quitte la ronde pour voler dans mes bras.

Il m'emmène dans la grande salle admirer ses derniers dessins, monte chercher son lapin et m'entraîne dans le jardin. Je m'assieds sur les marches de l'appentis et Ben grimpe sur mes genoux. Nous sommes seuls, Ben est tranquille et confiant, c'est le moment.

– Je vais te raconter une histoire, mon Bichou, écoute bien.

Benjamin a calé sa tête sur mon épaule, il attend la suite. Je reprends ma respiration et j'enchaîne.

– Il y avait une fois un petit garçon qui s'appelait... Je crois qu'il s'appelait Benjamin. Parfois on l'appelait Bernard, parfois on l'appelait Benjamin, mais il aimait mieux Benjamin.

– C'est moi, le 'tit garçon de ton histoire ! dit Ben avec un air ravi.

– Tu crois ? Bon, je continue.

« Ce petit garçon-là était dans une grande maison pleine d'enfants...

– C'est les Pinsons ! coupe Ben tout excité.

– Oui bonhomme, la maison s'appelait les Pinsons. Alors le petit garçon était là, comme tous les petits enfants de la maison, parce qu'il avait des drôles de parents qui ne s'occupaient pas bien de lui, et le petit garçon ne les aimait pas beaucoup non plus, parce qu'ils n'étaient pas gentils.

– Non, dit Benjamin en regardant sa chaussure, ze les aime pas, moi ceux-là.

– Aux Pinsons, il y avait beaucoup d'enfants qui avaient des parents comme ça, et d'autres n'avaient pas de parents du tout. Les Pinsons, c'était très bien, mais ce n'était pas comme une vraie maison.

– Alors ?

– Alors tu ramasses ton lapin, mon Ben, parce qu'il est tombé dans l'herbe. Je continue mon histoire : donc, Benjamin était aux Pinsons. Alors maintenant, arrive la marraine, écoute ! Heureusement, le petit garçon avait une marraine...

– C'est toi ! coupe Ben tout excité.

– Oui, c'est moi. Ecoute la suite ! Le petit garçon avait une marraine, mais il savait très bien qu'une marraine, ce n'est pas la même chose qu'une maman. En plus, la marraine avait une petite fille, elle ne pouvait pas être la maman de tout le monde à la fois, et elle pensait que le petit garçon avait besoin d'une maman rien que pour lui et d'un papa rien que pour lui. Ça, ç'aurait été vraiment bien !

– Et pis après ?

– Alors, la marraine qui aimait beaucoup Bernard-Benjamin se désolait à l'idée qu'il allait rester aux Pinsons. Elle se disait qu'il lui faudrait lui trouver un vrai papa et une vraie maman...

– Et pis après ?

– Alors, elle en a parlé à des amis qu'elle aimait beaucoup, Sébastien et Chloé. Ces amis-là, ils avaient une grande maison, un jardin, une chambre qui aurait pu être la chambre d'un petit garçon, un chien qui aurait pu être le chien d'un petit garçon, mais voilà, ils n'avaient pas de petit garçon, et c'était bien dommage.

– Et pis quoi ?

– Et puis la marraine s'est dit que ce serait exactement les parents qu'il faudrait à un petit garçon comme Benjamin, mais qu'il fallait savoir si ça lui ferait plaisir, et s'il voudrait bien aller chez eux.

Benjamin est devenu tout rose. Il ouvre de grands yeux ronds, fait oui de la tête... Il est temps de sortir de l'histoire.

– Et si c'est oui, mon bonhomme, ils pourraient venir demain, et nous irions au Luxembourg, parce que Sébastien a préparé une grosse surprise pour toi : un bateau, avec un moteur ! Tu pourras le faire marcher sur le grand bassin, tu te souviens ? Tu veux que je leur dise de venir ?

Benjamin fait à nouveau signe que oui. Il commence à se dandiner d'un pied sur l'autre, quelque chose doit le tracasser.

Je vois une question flotter dans ses yeux, sa petite figure est inquiète.

– Tu veux me demander quelque chose, Bichou ?

– Ben oui. Dis, comment il s'appelle le chien ?

Et moi qui m'inquiétais ! J'ai tout simplement oublié de parler du nom du chien ! Je lui passe la main dans les cheveux :

– Il s'appelle Titus, le chien, il est très grand et presque tout noir. Tu veux qu'il vienne aussi demain ?

– Oh oui ! Et pis le bateau aussi, dis ?

– Le bateau aussi sera là. Et puisque tu es d'accord, je vais me sauver et je reviendrai te chercher demain après le déjeuner, avec ta nouvelle maman, ton nouveau papa, Titus et le bateau.

Là-dessus, je ramène Ben à l'intérieur et m'en vais, le laissant rêver à ces parents qui lui tombent du ciel et ont le bon goût d'avoir un chien et un bateau qui marche tout seul. J'ai appris par la suite par Mlle Pommier, à qui les puéricultrices l'avaient raconté, qu'il avait fait le fier ce soir-là, lui qui parlait si peu d'ordinaire, et raconté à qui voulait l'entendre que *son* papa et *sa* maman allaient venir le chercher le lendemain, et qu'il avait un gros chien noir et un bateau qui marchait tout seul sur l'eau.

Quant à moi, sitôt arrivée chez Frédérique, j'ai téléphoné à Sébastien et Chloé.

– Tout va bien. Il a très bien pris la chose, il a l'air très content, il voudrait que vous emmeniez le chien demain, c'est possible ? Et n'oubliez pas le bateau, surtout... A demain, passez me prendre à une heure, et ne vous inquiétez pas, il n'attend que vous, Benjamin !

Je récupère ma fille et rentre à la maison, après avoir pris un thé réparateur avec Frédérique, tout aussi contente que moi que Ben ait si bien réagi.

En chemin, je songe brusquement que demain sera le premier mai, et qu'il y aura juste un an que j'ai vu Ben pour la première fois.

Tant de choses se sont passées en cette année, tout entière occupée par le souci d'enfants, l'angoisse du sort de Benjamin et l'arrivée de Clémentine, et voilà qu'un an jour pour jour après notre rencontre, je serai revenue à mon idée première : donner à cet enfant des parents avec qui il pourrait avoir une vie normale et oublier son faux départ dans l'existence... La Mère avait sans doute raison : ce devait être son destin et le nôtre.

Dimanche premier mai

Sébastien et Chloé sont venus me chercher un peu avant l'heure dite. Peut-on risquer d'être en retard, quand on a rendez-vous avec son enfant ? Julien a bien voulu garder Clémentine cet après-midi-là, et nous goûterons tous ensemble à la maison avant de ramener Ben aux Pinsons. Benjamin n'a encore jamais vu Clémentine, mais cela n'a guère d'importance. Ce qui compte aujourd'hui, c'est la première rencontre avec ses nouveaux parents.

Nous parlons de choses et d'autres tout au long du chemin, Sébastien, Chloé et moi, pour ne pas laisser l'émotion nous gagner. Chloé me montre les trésors qu'elle a préparés pour son fils. Le bateau est dans le coffre et Titus couché à nos pieds. Nous sommes parés tout est bien là.

En arrivant aux Pinsons, je dois tendre à la loge mon autorisation de sortie pour le mineur Bernard Song. Je conseille à Sébastien et Chloé de m'attendre à la grille avec Titus, et je me dépêche d'aller chercher Benjamin.

Voilà qu'on l'a fait beau, on dirait une image ! Il est vêtu d'un manteau gris qui fait un peu pensionnat et de bottines blanches bien hautes. On lui a lissé les cheveux, il sent bon l'eau de Cologne. Il attendait, son manteau déjà sur le dos, les joues roses d'excitation. C'est tout juste s'il me dit bonjour.

– Ils sont pas là, le papa et la maman ? Ils sont pas là ? lance-t-il avec un air subitement inquiet, comme si j'avais vraiment raconté une histoire, la veille et que ce n'était pas vrai qu'un papa et une maman allaient venir.

– Mais si mon Bichou, ils sont là ! Ils nous attendent dehors avec Titus. Viens vite, on va courir !

Je le prends par la main et nous courons tous les deux, de toute la vitesse de ses petites jambes. Je vois du bout du chemin Sébastien et Chloé nous regarder venir, regarder ce petit bonhomme en gris qui va être leur fils et qui court vers eux de toutes ces forces.

Deux secondes après, il est dans leurs bras et Titus lui lèche frénétiquement la figure. Le chien est si grand que Ben en aurait un peu peur quand même, s'il n'était pas à l'abri dans les grands bras de Sébastien.

– C'est pour toi que j'ai amené Titus, tu sais Benjamin ! dit-il. Et je crois qu'il y a dans le coffre quelque chose qui va te plaire, viens voir.

Chloé prend Benjamin à son tour pendant que Sébastien ouvre le coffre : un bateau téléguidé absolument immense l'occupe presque en entier. Benjamin en reste sans voix, regarde Sébastien, Chloé et moi à tour de rôle : un pareil bateau pour lui ? Il n'ose y croire, mais Sébastien lui dit :

– Et si on allait l'essayer ? Ce n'est pas fait pour regarder ! il marche bien, tu sais ! en route pour le Luxembourg !

Benjamin ne se le fait pas dire deux fois, et tout le monde grimpe en voiture. Je monte devant avec Sébastien, Chloé, Benjamin et Titus s'installent à l'arrière. Benjamin risque une petite caresse sur les oreilles du grand chien.

– Il va savoir très vite qu'il est à toi, tu sais, dit Chloé. Vous allez être très amis. Je t'apprendrai à t'en occuper. Tu vois cette petite mallette ? Tout ce qu'il y a dedans est pour toi. Tu veux regarder ?

Benjamin est tout timide, et lui jette de petits coups d'œil furtifs, comme il le faisait autrefois avec moi. Sébastien lui adresse un sourire encourageant dans le rétroviseur ; Ben tend une petite main vers la mallette que Chloé ouvre aussitôt, découvrant une tenue complète et une paire de chaussures que Ben veut essayer tout de suite. Chloé le prend sur ses genoux pour enlever les bottines blanches de la DDASS et lui mettre les Kickers flambant neufs. Benjamin regarde ses pieds, regarde Chloé et sourit.

– Je peux ouvrir les 'tits paquets ?

– Bien sûr mon chéri, vas-y.

Et Ben ouvre ses paquets en s'appliquant pour ne pas déchirer les papiers. Apparaît un Snoopy juste assez petit pour venir dans une poche, de la pâte à ballons, une ou deux petites voitures, une petite montre en plastique, en somme tout ce qu'il faut pour emporter le cœur d'un jeune homme de quatre ans et demi. Chloé a trouvé sur-le-champ le ton qu'il fallait adopter avec Ben, et c'est lui qui la boit des yeux.

Sébastien, qui conduit, regarde dès qu'il le peut dans son rétroviseur et sourit de les voir ensemble.

Nous arrivons au Luxembourg. Titus va garder la voiture et l'on sort le grand bateau, trop lourd pour que Ben puisse le porter lui-même. Sébastien explique à Benjamin comment marche le bateau, montre l'hélice et la boîte de commandes. Vite vite, au bassin ! Nous volons vers le jardin. Chloé donne la main à Ben, Sébastien porte le grand bateau, et je marche heureuse à côté, contente que cela se passe si bien.

Au bassin, Sébastien pose le bateau sur l'eau et merveille ! donne la boîte de commandes à Benjamin, qui le fait manœuvrer. La grande main de Sébastien vient de temps en temps à la rescousse d'un Benjamin rouge de plaisir. Autour du bassin, les enfants regardent ce tout petit garçon qui fait marcher cet immense bateau avec application. Quand il faut manœuvrer d'un côté ou de l'autre, Ben tourne la tête vers Sébastien, quêtant son approbation. Chloé s'est assise au bord du bassin et n'a d'yeux que pour son fils.

Quant à moi, trois pas en arrière, je pense au bateau rouge à pile que Julien avait rapporté des Etats-Unis, et plus loin encore, à l'absurde petit bateau en plastique que j'avais acheté au marché exactement un an plus tôt, au commencement de notre histoire...

Comme on t'avait brinquebalé, petit bonhomme, tout au long de cette année, comme on t'avait négligé et rendu malheureux, moi comprise et malgré toute ma bonne volonté... Et voilà qu'à présent, je te regarde avec cet homme tranquille et sûr, dont la grande main guide la tienne pour manœuvrer ce bateau-là, le vrai bateau du Benjamin que tu seras dorénavant. S'éloigne le cauchemar et dansent dans ma tête toutes les séquences de notre histoire, les bonnes comme les mauvaises, « là-bas », chez nous, la maison dans l'île, les Pinsons, tous ces endroits où nous avons été ensemble, toi et moi... Mon regard se perd un peu, pour tomber sur le grand bateau blanc, qui fonce vers le jet d'eau droit au cœur du bassin.

– Tourne le volant, Benny ! ramène le bateau au bord, tout doucement, fiston, tout doucement, dit Sébastien.

Je redescends sur terre.

Benny... un nouveau surnom pour toi, petit garçon, comme ils ont su tout de suite te faire leur et t'apprivoiser ! Le bateau touche au bord, Benjamin aide Sébastien à le sortir de l'eau et je le regarde qui saute d'excitation.

Moi aussi, petit bonhomme, je t'ai conduit à bon port...

L'après-midi s'achève, il faut partir si nous voulons avoir le temps d'aller goûter chez moi. Benjamin prétend tout à coup qu'il a trop mal aux pieds pour marcher, et jette un regard désolé à Sébastien qui comprend aussitôt : c'est juché sur les épaules de son père que Ben sortira du jardin, Chloé portant à son tour le bateau blanc. Les gens regardent cette famille heureuse qui passe, s'en revenant du jardin comme tant d'autres, quand dimanche après-midi s'en va et qu'il faut rentrer chez soi.

Nous arrivons à la maison, où Ben n'a pas mis les pieds depuis plusieurs mois, ce qui n'a l'air de lui faire exactement aucun effet. C'est sans émotion aucune qu'il découvre également Clémentine ; il n'est plus concerné, c'est son papa et sa maman qui comptent à présent, heureusement. Tout à son bonheur et à son bateau, il ne s'intéresse guère ni à Clémentine ni à Julien. Me voilà rassurée, moi qui m'inquiétais tant de la manière dont il allait réagir. Le goûter se passe le mieux du monde, Chloé s'occupe de son fils et moi de Clémentine, chacune son enfant sur les genoux, tandis que discutent Sébastien et Julien.

Comme il a passé vite cet après-midi ! Il est déjà l'heure de repartir pour les Pinsons.

Pendant le trajet du retour, Chloé a dit à Benjamin que Sébastien et elle reviendraient le chercher samedi prochain, qu'il irait passer le week-end chez eux, s'il voulait bien et qu'elle allait ranger le bateau dans un carton, pour qu'il attende Benjamin.

Ben a fait oui de la tête. Chloé a ajouté qu'elle lui téléphonerait et qu'il pouvait l'appeler aussi, au numéro qui était sur le carton qu'elle mettait dans sa poche, qu'elle lui enverrait des mots et que la semaine allait vite passer.

– Compte sur tes doigts, Benny et ce sera vite samedi, a-t-elle dit comme je le disais autrefois, et j'ai souri.

Compter sur ses doigts et attendre samedi, il n'en avait plus pour longtemps, notre Ben, avec un peu de chance, ce serait même la dernière fois...

Sébastien et Chloé sont de nouveau restés à la grille, pendant que je reconduisais un Benjamin un peu éteint, fatigué de cette journée pleine de nouveautés, et qui allait avoir des tas de choses à raconter.

– Ça s'est bien passé, avec les parents ? demande la puéricultrice avec sollicitude.

– Ça s'est très bien passé. N'est-ce pas mon Bichou ? samedi prochain, c'est ton papa et ta maman qui vont venir te chercher, mais je te verrai sûrement. A très bientôt, bonhomme.

Et je m'en vais bien vite, vers la grille où m'attendent Sébastien et Chloé.

En retournant vers Paris, nous avons tous les trois longuement commenté les faits et gestes du petit. Comment il a fait semblant d'avoir mal aux pieds pour que Sébastien le mette sur ses épaules, comment il a mis sa tête dans le cou de Chloé en voiture, comment... Cet enfant leur va si bien qu'ils n'ont qu'une hâte : pouvoir l'avoir chez eux, l'avoir à eux, l'enlever aux Pinsons et aux mauvais souvenirs.

Revient l'inquiétude. Et si la Mère n'allait pas signer ? Si Julien s'était trompé ? Voilà qui serait abominable, et pour eux et pour le petit. Je les rassure du mieux que je peux.

– C'est demain qu'elle doit signer, demain que j'irai avec elle. Je sais bien que vous allez quand même vous faire du souci cette nuit, car je suis passée par là, mais je sais que c'est inutile, elle ira, soyez-en sûr. Elle ira.

Les Mazamet me laissent en bas de chez moi et reprennent la route. Ils vont parler de leur enfant et la nuit sera longue.

J'ai à peine le temps de reprendre mon souffle, Julien m'attendait en piaffant. Tout l'après-midi, il a été bloqué, lui qui n'attendait que mon retour pour courir à ses affaires.

– Un dimanche soir ? ai-je vainement tenté de protester, mais Julien s'en est déjà allé. Il me dit de ne pas l'attendre ; qu'il couchera au bureau pour être à pied d'œuvre le lendemain. La porte a claqué.

Ma Clémentine, pourquoi ta mère est-elle absurdement un peu triste ce soir ?

Lundi

A 2 heures, un peu inquiète à l'idée qu'elle ait quand même pu faire faux bond, j'attends la Mère devant le Dragon du Sichuan, devenu le point de ralliement. Elle n'arrive pas, elle n'arrive pas ! Ce n'est pas possible qu'elle ne vienne pas... Mais voilà une silhouette qui court au bout de la rue, c'est elle ! Pour un peu, je lui aurais sauté au cou.

Nous allons à pied jusqu'à l'étude du notaire, qui n'est pas bien loin et où Lucie doit nous attendre. En chemin, la Mère me pose la main sur le bras :

– J'ai bien réfléchi, vous savez, je crois que pour Bernard c'est le mieux. Vous lui direz, s'il le demande un jour ? Il n'aurait jamais été bien avec moi. Les enfants, ce n'est pas pour moi.

Elle a tant de mal à vivre qu'on ne voit pas très bien effectivement ce qu'elle aurait fait avec des enfants. L'image de Chloé me traverse l'esprit : comme Ben aura gagné au change, et quelle bonne mère il va avoir !

La Mère à présent, c'est Chloé, je n'ai plus de nom pour cette femme qui marche à côté de moi.

Chez le notaire, tout s'est passé très rapidement. L'acte était déjà prêt et la femme a signé sans rien dire, là ou on lui a montré d'apposer sa signature. Lucie s'est inquiétée de savoir si elle avait vraiment compris que l'acte était irrévocable au bout de trois mois, et des implications qu'il supposait. Par prudence, elle a fait signer à la Femme un autre acte, certifiant que le premier lui avait été traduit et qu'elle assurait l'avoir compris. J'ai apposé ma signature comme témoin, étant la seule à pouvoir affirmer que la signataire savait réellement à quoi elle s'engageait. Je savais pertinemment que ni la Femme ni Song Tsuo n'allaient se rétracter. Il avait été assez compliqué d'envoyer le second se rétracter *in extremis* de son premier abandon à l'Etat et quant à la première, elle ne remettrait jamais les pieds de son plein gré chez un notaire. Il n'y avait aucune inquiétude à avoir, mais je savais tout aussi bien que Sébastien et Chloé allaient attendre la fin de ces trois mois en tremblant, comme je l'aurais fait à leur place, et comme le feront toujours ceux qui se verront confier un enfant avec trois mois de points de suspension...

Nous nous sommes retrouvées dans la rue, la Femme et moi mais avant de nous séparer, elle m'a dit cette chose étonnante :

– Il y a une chose que je ne comprends pas, pourquoi n'avez-vous pas pris Bernard et donné votre fille à vos amis ?

Je suis restée stupide.

Comment expliquer à cette Femme qu'un enfant n'est pas interchangeable et qu'on ne jongle pas avec ? Qu'une idée aussi saugrenue n'aurait jamais pu me traverser l'esprit, moi qui m'évertuais à trouver un foyer pour son fils, voilà qu'elle me conseillait d'abandonner ma fille, ou sinon de l'échanger comme un objet qui aurait lassé !

J'ai du faire appel à tout mon sens de l'humour pour ne pas répliquer vertement, mais cela n'aurait servi à rien. Le Femme ne pouvait pas comprendre, elle pour qui les enfants n'étaient jamais qu'un fardeau trop lourd à assumer. Elle les enfantait et les enfanterait, selon la formule de Hugo — moi, je les accueillais. Nul point commun, en vérité.

La Femme m'a saluée et est sortie de ma vie comme de celle de Benjamin. Je n'en ai plus jamais entendu parler, personne ne l'a jamais revue, elle a dû quitter la France peu après, où ne s'entassaient que de mauvais souvenirs, où son ex-mari avait refait sa vie, où ceux qui avaient été si mal et si peu ses enfants lui étaient devenus inconnus, où elle était si mal à son aise. Nous sommes parties chacune de notre côté et la Femme s'est volatilisée.

J'ai couru jusqu'à la crèche, porter la bonne nouvelle à Chloé. J'ai grimpé quatre à quatre les étages, l'ascenseur étant par trop lent et je suis arrivée essoufflée, comme une trombe, dans son bureau.

— Elle a signé, Chloé ! Elle a signé ! Ça y est, Benjamin est à vous ! Oh ! Chloé, elle a signé !

Chloé est devenue très pâle, puis est venue m'embrasser, tout simplement.

Puis aussitôt elle a appelé Sébastien. Je ne sais comment elle lui a annoncé la chose, j'étais allée voir Clémentine. Benjamin leur appartenait à présent, je faisais bien de sortir sur la pointe des pieds...

Quand je suis revenue quelques instants plus tard, ma fille dans les bras, Chloé était en grande conversation avec Mlle Pommier.

Mlle Pommier fut très heureuse d'apprendre que la Femme avait signé sans difficulté, et assura Chloé qu'il n'y avait plus aucun problème pour qu'elle et Sébastien puissent avoir Ben chez eux pendant le week-end, mais que les formalités de sortie définitive – fallait-il dire levée d'écrous ? – dépendaient de la directrice du centre et non d'elle-même, laquelle insistait toujours pour que la sortie définitive se fasse en dehors des week-ends afin que les enfants réalisent mieux qu'ils partaient pour de bon.

Tout cela nous a semblé bien compliqué à Chloé et à moi, mais l'essentiel c'était que Benjamin allait être à eux pour toujours, et dans très peu de temps.

– Il va y avoir du travail pour Sébastien ! s'est exclamée joyeusement Chloé. Quatre jours pour préparer sa chambre, c'est court mais nous fignolerons après. Samedi, il aura son domaine à lui. Samedi, il sera chez nous.

La fièvre des préparatifs.

Samedi fut bien lent à arriver quand même pour Chloé et Sébastien. Les femmes enceintes ne disent-elles pas que les jours les plus pénibles sont les derniers jours d'attente ? Que l'enfant ait plus de quatre ans ne changeait rien à l'émotion des parents : samedi leur fils serait là, et serait déjà leur fils.

L'autorisation de week-end étant en leur nom, j'ai préféré ne pas aller à Clamart et les laisser aller seuls à la rencontre de leur enfant. Ils s'étaient parlé tous les jours de la semaine au téléphone – et Benjamin avait parlé – Chloé avait pris le relais pour envoyer lettres et paquets, il fallait à présent qu'ils se retrouvent tous les trois et rattrapent les années perdues.

Cet après-midi-là, pendant que Sébastien et Chloé

allaient chercher leur fils, j'ai insisté auprès de Julien pour qu'il vienne se promener avec Clémentine et moi et nous consacre un peu de temps. Las ! il n'en fut pas question. Il avait été prévu que nous irions déjeuner le lendemain chez les Mazamet, je n'allais pas en plus lui réclamer le samedi après-midi ? Julien disparut vers l'une de ses innombrables réunions, et je partis faire une grande promenade avec ma fille.

Je me sentais légère, tant mes pensées avaient été jusque-là encombrées de Benjamin, légère et rassérénée, comme j'allais pouvoir bien m'occuper de Clémentine à présent que ce n'allait plus être au détriment de Benjamin ! Je n'avais plus d'enfant-souci mais tout n'était pas parfait pour autant : mes relations avec Julien étaient tout sauf satisfaisantes. Nous vivions à côté l'un de l'autre, nous côtoyant sans nous comprendre et sans rien partager. Sans doute était-ce le meilleur des amis, mais c'était un mari-fantôme et un père courant d'air, qui se souvenait qu'il avait une femme quand il lui fallait quelqu'un pour tenir son stand au Salon de l'électronique, et une fille quand il s'agissait de la faire admirer aux amis. Pour la vie quotidienne, il n'était jamais là. Je savais également qu'il me resterait toujours au fond du cœur une rancœur envers lui de n'avoir pas compris que je ne pouvais pas oublier Benjamin, à l'époque où je ne savais pas encore que les Mazamet surgiraient, rancœur que n'arrivait pas à effacer la manière admirable dont il avait mené les tractations. Quelque chose s'était cassé et je me détachais de lui irrémédiablement, m'habituant à prendre mes affaires en main et me surprenant à dire « Clémentine et moi » sans avoir inclus Julien. Je lui en voulais également de toutes ces nuits au bureau, où il avait presque élu domicile. J'aurais compris, sinon admis, qu'il me préfère une rivale, mais la tromperie avec les livres de comptes était désagréable à mon orgueil, qui m'en blâmera ? Notre couple allait sombrer, cela devenait inéluctable. Je m'étais surprise plusieurs fois à songer à Lao Lan, que j'avais rencontré à une fête de Nouvel An chinois au printemps, et qui m'avait impressionnée par son sens de l'humour et, je peux l'avouer, la grande beauté de son visage. Lao Lan avait fui depuis des années une femme acariâtre avec qui il avait été mal marié et qui refusait de divorcer, mais dont il avait deux fils. Il ne parlait jamais de cette situation qu'il vivait mal, mais comme il se doit toute la colonie chinoise – si friande de potins – était au courant et chuchotait derrière son dos.

Cet après-midi, promenant ma fille au jardin, j'ai réfléchi très longuement. J'allais quitter Julien tôt ou tard, cela devenait inéluctable. Peut-être que Lao Lan... Mais mon attirance pour lui ne s'était pas manifestée et j'ignorais tout de ses sentiments à mon égard.

Je suis rentrée paisiblement à la maison, ma fille toute dorée de son après-midi au soleil.

Chloé a téléphoné : Benjamin était là, tout allait bien, il découvrait la maison, sa chambre, le jardin, les voisins, faisait ami avec Titus et le chat Bruyère, avait retrouvé son bateau avec joie et découvert son vélo rouge avec un bonheur parfait. Ils nous attendaient pour déjeuner le lendemain.

Dimanche 8 mai

Julien a réapparu ce matin juste à temps pour que nous partions chez les Mazamet.

Les Mazamet habitent un pavillon à l'orée du bois de Vincennes, et, lorsque nous y arrivons, j'aperçois à une fenêtre du dernier étage Sébastien et Benjamin qui nous font de grands signes, Benjamin avec un air plus heureux que jamais et j'en ai le cœur réjoui. Titus fait très peur à Clémentine, qui n'a jamais vu de chien si grand. Il faut dire qu'il est aussi impressionnant qu'encombrant, surtout pour une petite personne de dix-huit mois. Ma pauvre Clémentine hurle comme une perdue, il faudra enfermer le grand chien pour qu'elle se calme un peu. Benjamin me fait aussitôt admirer son vélo, sa chambre où le grand bateau est déjà sur une étagère et le placard où s'entassent des piles de vêtements neufs...

Au moment de passer à table, voilà que les choses se gâtent, Benjamin se met à bouder et refuse de s'asseoir. J'ai la nette impression que nous le dérangeons et que nous n'aurions pas dû nous manifester si tôt. Chloé est navrée de le voir réagir ainsi, mais je la rassure aussitôt : qu'il me fasse la tête autant qu'il veut, quelle importance ? Ce qui compte, c'est qu'ils s'entendent bien tous les trois et qu'il leur fasse fête à eux, nous avons tout le temps, lui et moi, de trouver un terrain d'entente !

Nous sommes partis tôt après le repas, pour laisser Sébastien et Chloé profiter de cet après-midi avec leurs fils, qu'ils doivent ramener le soir aux Pinsons pour obéir au règlement. Juste avant notre départ, Benjamin a apporté à Clémentine une immense girafe en peluche, plus haute que ma petite fille ! J'ai regardé Sébastien et Chloé, un peu abasourdie de ce trop beau cadeau, mais je les ai vus si contents de leur surprise que je me suis abstenue de leur dire qu'ils en avaient fait trop, qu'ils n'avaient pas à me remercier, loin de là ! La gratitude aurait plutôt été dans l'autre sens : n'était-ce pas à eux que je devais d'avoir retrouvé la sérénité ? Ce que j'avais fait était peu de chose, en comparaison de la rapidité avec laquelle ils avaient décidé de prendre cet enfant de quatre ans passés, qui leur était totalement inconnu et dont je leur avais parlé au détour du chemin. Je les trouvais extraordinaires justement parce que tout avait l'air si naturel pour eux, et je me réjouissais profondément : voilà que grâce à toi, petit bonhomme, j'avais trouvé de vrais amis.

Sitôt rentrés à la maison, Julien disparut comme à l'accoutumée, nous laissant Clémentine et moi nous installer dans notre solitude à deux. Je ne proteste même pas, mon cœur est ailleurs et je n'ai pas envie de gâcher la joie d'avoir vu Benjamin si bien avec ses parents tout frais. Je laisse partir Julien, qui ne se rend même pas compte qu'il est aussi en train de tirer la porte sur notre vie commune.

Ce soir-là, Chloé m'a téléphoné tard pour me raconter le retour de Ben aux Pinsons. Il a pleuré comme une fontaine pendant le trajet, mais s'est heureusement assoupi juste au moment où ils arrivaient à Clamart. C'est donc tout endormi que Sébastien l'a remis au responsable du foyer, n'ayant – comme j'ai connu ce sentiment ! – aucune envie de le laisser, aucune envie de le rendre, mais sans pouvoir faire autrement.

Quelle absurde règle du jeu ! Chloé a appris par la suite que Benjamin, lui qui pleurait si peu, avait sangloté toute la nuit en les appelant, sangloté sans comprendre que ce papa et cette maman tout neufs ne l'aient pas gardé dans ce qui était déjà sa maison. Il paraît qu'il était nécessaire pour son équilibre futur qu'il quitte les Pinsons en sachant qu'il n'y reviendrait jamais, que ce désespoir était indispensable. A Sébastien et Chloé, il a paru monstrueux et superflu. L'administration a de ces bizarreries...

Cette séparation avait autant coûté à ses nouveaux parents, qui guettaient en piaffant le feu vert de la DDASS, pour arracher leur fils à ce centre d'accueil où il n'avait plus rien à faire. Trois jours. Il a fallu attendre trois grands jours, car c'est le mercredi suivant que Mlle Pommier a téléphoné à Chloé que toutes les formalités avaient été accomplies : Bernard Song était confié au couple Mazamet en vue d'adoption plénière, avec exécution immédiate : ils pouvaient l'emmener quand ils le désiraient.

Sébastien est venu chercher Chloé à la crèche et ils sont aussitôt partis.

Benjamin les attendait et a volé dans leurs bras.

Adieu les Pinsons ! Qu'ils avaient été longs, ces trois jours d'attente quand on avait de part et d'autre plus de quatre ans d'affection à rattraper !

Ce jour-là, Bernard Song a cessé d'exister. Bernard dont personne ne voulait, le petit garçon triste et pataud, enjeu d'obscures querelles d'adultes et d'absurdes mésententes, qui ne savait pas regarder le monde en face et n'avait pas grand avenir devant lui, Bernard Song a disparu pour toujours.

Et devant Benjamin Mazamet, vêtu de neuf et l'œil brillant comme il ne l'avait eu depuis longtemps, s'est ouverte en grand la porte des Pinsons, vers une vie de petit garçon, telle qu'il en faudrait à tous les enfants du monde : une vie normale avec ses peines et ses joies de tous les jours, petits soucis et grands bonheurs, mais surtout avec des parents dignes de ce nom, des parents qui ne lui feraient jamais plus défaut, des parents comme il aurait dû en avoir aux premiers jours de son existence.

Benjamin avait un père et une mère à présent et plus aucun besoin de moi. J'ai jeté ce jour-là aux orties ma défroque d'ange gardien et remisé mes ailes. Je suis restée marraine, celle qui n'oublie ni Noël ni les anniversaires, mais je n'ai plus jamais éprouvé cet élan quasi passionnel qu'avait provoqué en moi ce petit garçon si mal parti dans l'existence.

J'ai bien sûr gardé au cœur une secrète tendresse pour cet enfant qui avait de si près failli être le mien, mais une de ces tendresse tranquilles, le chaud au cœur du plaisir que l'on a à voir s'épanouir un enfant de son entourage. Je l'ai vu grandir et se transformer d'année en année, et comme le bonheur embellit, personne n'aurait pu reconnaître quelques années après dans cet enfant au regard droit et au corps harmonieux, le gros bébé pataud qui jetait des yeux en coulisse... J'ai suivi ses progrès en classe et me suis réjouie des succès, j'ai su qu'il allait en colonie musicale, faisait du judo et apprenait à skier. J'ai partagé chaque étape mais dans l'ombre, en me félicitant à chaque fois d'avoir pris la bonne décision quand il avait fallu choisir.

Car bien évidemment, l'été s'était écoulé sans qu'aucune rétractation n'ait lieu, comme j'en avais toujours eu la certitude. Chloé et Sébastien ont entamé aussitôt la procédure pour que celui qui était bien leur fils dans la vie le soit aussi devant la loi. L'adoption plénière de Benjamin a été prononcée à peine un an après, effaçant à jamais le passé.

Au mois de juillet de cet été-là, Julien et moi nous sommes séparés, nous étant tellement éloignés l'un de l'autre que nous n'avions plus rien à nous dire et du mal à nous supporter. A force de rester coucher au bureau pour être à pied d'œuvre le lendemain, il a fini par y déménager pour de bon ! Je me suis retrouvée seule avec ma fille, les journées s'égrenant, semblables les unes aux autres, crèche pour elle, bureau pour moi où côtoyer quotidiennement Julien devenait de plus en plus difficile, si bien que j'ai fini par trouver du travail ailleurs. Puis un soir, Lao Lan sonna à ma porte, un plat de ravioli chinois fumants dans la main gauche, une petite robe pour Clémentine dans la main droite...

Cette année s'écoula et j'y pris l'habitude de voir Chloé de plus en plus, d'aller déjeuner avec elle chaque fois que j'en avais l'occasion, appréciant chaque fois davantage sa conversation. J'aimais sa manière d'affronter la vie, de donner de l'élan à sa crèche ; j'aimais par-dessus tout quand elle me parlait de son fils, dont elle était très fière à juste titre. J'avais trouvé une presque sœur, vu plus clair dans mon couple et apprécié la chance de pouvoir me consacrer à ma merveilleuse petite fille, tout cela grâce à Benjamin. N'était-je pas mille fois récompensée de m'être intéressée un soir à ce petit garçon dont personne ne voulait, et d'avoir forcé le destin ?

L'année où il eut six ans, Benjamin demanda à ses parents de l'emmener aux Pinsons. Il voulait revoir cet endroit où il avait vécu plusieurs mois. La directrice du centre avait changé, la nouvelle connaissait Chloé ; il n'y eut aucun problème pour qu'il puisse y retourner. Quand Chloé me fit part de cette idée, j'avoue avoir été assez inquiète du choc que cela pouvait représenter pour lui, mais Chloé m'a rassurée. Si Benjamin le demandait, il fallait l'y conduire, cela devait avoir une importance particulière pour lui.

Benjamin a tenu bon. Il s'est gravement promené autour du pavillon, la main dans celle de sa mère, a visité les chambres où il avait couché, a distribué des bonbons aux enfants, comme il le faisait autrefois.

Il a été très marqué par la détresse de ces petits, tous dans la situation qui avait été la sienne deux ans auparavant, et en a longuement parlé le soir avec ses parents :

— Ils n'ont pas de chance, ces enfants-là, maman, a-t-il dit à Chloé, mais moi j'en ai eu, puisque je vous ai.

Chloé était très émue de me le raconter le lendemain, comme du courage que cela représente à six ans de regarder ainsi la réalité droit dans les yeux.

– C'est grâce à toi, Chloé, lui ai-je dit. C'est toi qui en as fait ce petit bonhomme merveilleux, c'est toi et Sébastien.

Puis le temps a glissé. Tandis que l'univers de Benjamin se stabilisait, la vie de Clémentine et la mienne se transformaient aussi peu à peu. Lao Lan nous devenait indispensable. « C'est maman qui m'a choisie, mais c'est moi qui ai choisi papa ! » disait ma fille à qui voulait l'entendre ; et tout naturellement quand il eut obtenu son divorce, après des années désespérantes de pourparlers, nous nous mariâmes et nous fîmes venir ses fils, donnant du même coup des frères à Clémentine et de « presque cousins » à Benjamin...

Nos enfants ont grandi en même temps que mon amitié pour Chloé et Sébastien. Toutes ces années durant, et longtemps après que Clémentine eut quitté la crèche du Soleil pour entrer à l'école, je suis retournée voir Chloé et discuter avec elle, avec un plaisir à chaque fois renouvelé. Nous parlions parfois du passé, contentes l'une et l'autre de la situation présente.

Au fil des années, j'ai découvert qu'elle était d'une santé fragile et m'en suis inquiétée pour elle, qui faisait semblant de rien. Elle adorait Sébastien et Benjamin, s'émerveillait sans cesse de leur complicité.

– Ils ont presque le même caractère, tu ne trouves pas ça extraordinaire ? me disait-elle en riant.

La maladie a gagné du terrain et le souci barrait de plus en plus souvent le front de Sébastien. Bientôt, ce fut l'hôpital, où je pris l'habitude de lui rendre visite. Elle était toujours souriante et ne s'occupait que des autres, même quand elle souffrait cruellement. Un soir ainsi, elle me demanda si je pouvais lui rendre un service : aller acheter des colliers, pour offrir à ses infirmières. Je courus chez Baolin, qui importait justement des bijoux d'Extrême-Orient, et lui rapportai ses colliers.

Nous parlions de Benjamin, dont la photo était toujours à son chevet.

La dernière fois que je l'ai vu à l'hôpital, elle s'est justement exclamée :

– Si tu savais combien Benjamin est super avec moi ! Si peu de mères ont un fils pareil !

Puis elle a ajouté avec un pauvre sourire :

– Et j'aurais tant voulu le voir grandir, mon fils...

Sébastien et son fils sont venus dîner un samedi, pour que nous fêtions en famille les quinze ans de Benjamin. Il est grand et bien dans sa peau, c'est un bel adolescent aussi à l'aise aujourd'hui qu'il était renfermé quand il était petit. S'il aime toujours les bateaux, les motos commencent à l'intéresser davantage. C'est un garçon de quinze ans comme tous les autres, qui n'a pas l'air marqué du tout par les péripéties de sa petite enfance.

Le gâteau d'anniversaire soufflé, les enfants sont

partis jouer aux cartes tout en haut de la maison, et nous les entendions rire. J'ai complimenté Sébastien sur son fils.

– Vois-tu Chloé et moi n'avons jamais eu le moindre problème avec Benjamin, c'est pour cela qu'il est en paix avec lui-même. Toi, tu n'as peut-être pas bouclé la boucle... a-t-il observé pensivement.

C'est donc pour boucler la boucle, comme le dit mon ami Sébastien que j'ai écrit cette histoire, et pour que soit suivi l'exemple de Chloé qui n'a pas hésité à ouvrir son cœur à un petit bonhomme dont elle ne savait qu'une chose : qu'il avait besoin d'un foyer.

Remerciements

L'auteur tient à remercier Elisabeth de Tesnières, Sylvie Schneiter, Biche du Boullaye, Chen Manjiang, pour leurs conseils judicieux et Dominique Bourgois, de l'agence A + B, sans qui ce livre n'aurait sans doute pas été mené à bien.

Achevé d'imprimer
le 5-2-1988
par Mohndruck Gütersloh
pour France Loisirs

N° d'éditeur 13463
Dépôt légal: Février 1988
Imprimé en R.F.A.